一鑑江湖

何鑑江　著

何鑑江青年時期

▍前言

做人有誠信
工作要堅持

對朋友要有誠意信任
寧人負我，亦不負人

工作要有承擔，遇上困難勇於面對
不要輕易放棄，盡量想辦法解決
辦法總比困難多。

永不放棄

凡事不怕吃虧，必有新的局面

朋友種類多，必須小心分析定辦

▌代序　一鑑江湖八十年

潘源良

一如退役將領回憶二戰

白頭稜角　笑語蒼生

時代風潮是夕雲

風光荏苒　音影留痕

聲若洪鐘連環火炮

霹靂妙語大氣舖陳

刺穿己營敵陣　場內場外同震撼

論盡英雄名將　剎那死生

省港澳飄蕩無根　借宿容身

造就鐵腳馬眼神仙肚

天地線自行接撼

銅皮鐵骨彎路跑外勤

無綫有線佳藝麗的亞視港台商台新城全攻陷

男女足海跨世紀浮沉

見識東邪西毒老頑童不改幽默感

體制內外穿梭老人家自有奇能

休說戲劇人生

八十年所見

且從頭

五味紛陳

序

梁守志

　　對上一代的球迷來說，何鑑江是球圈無人不識的名字；很多人稱他
KK，更多是尊稱他何老鑑，而他與已故的恩師林尚義是上一代最具代
表性的足球評述員，而獲他邀請為其著作寫序，當然義不容辭。

　　認識何老鑑數十載，與其說認識，倒不如說是聽他「講波」成長更
貼切；自少便喜歡足球，當年本地足球發展相當蓬勃，但又不是經常可
以入場觀看賽事，故更多時間是收聽港台直播。為甚麼是港台，確實是
因為何鑑江。

　　商業電台在七八十年代也有直播本地賽事，有球員出身的林尚義
等任評述，但自己還是比較喜歡聽 KK 的評述，因為他那鏗鏘聲線，字
字清晰，又有豐富的足球知識及經驗講解給球迷知道球賽正在發生的事
情，而他營造氣氛令聽收音機聽評述的球迷很投入球賽，如同置身場內。

　　到踏足球圈，真正認識何老鑑，知道他為人率直敢言，不畏懼強
權，言之有物，從亦不擔心會得失圈中權貴，就算退休後仍會在社交平
台上為不平事發聲，在這個世代，無疑是異數。

　　期待 KK 在其著作中延續這份無畏無懼的精神。

序

傑拉德（霍志明）

　　從小已有看足球比賽的習慣，早期其實是「聽波」的機會比「睇波」的機會更多，主要是聽着林尚義先生、何鑑江先生、何靜江先生和蔡文堅先生等名家講波長大。以往縱使到香港大球場看香港足球聯賽，也會跟不少朋友一樣帶着收音機進場，聽着他們的評述看球。可惜身為聽眾的我不能透過收音機看到「老鑑」的相貌如何。

　　及至 1988 年亞洲電視轉播歐洲國家盃，當時「老鑑」在電視上參與評述，令我終於可看到他的盧山真面目。當年他和已故香港一代中鋒尹志強的生動評述，令我留下非常深刻的印象，特別是「老鑑」的分析既有趣又獨到，令我很喜歡聽他的足球分析。

　　大約是三數年前左右吧，我在一個機緣巧合下認識了本書的編輯江少。就在大家閒聊的時候，我得悉「老鑑」有意推出自傳。「阿叔」林尚義逝世曾令我感到惋惜，所以我想既然「老鑑」仍然健在，為他推出一部自傳是相當有意義的事。而且我認為可以藉着這部自傳，可以讓更多人了解香港足球、香港廣播事業甚至香港社會的發展，令這項工作更添意義。

　　所以我決定跟江少和「老鑑」合作，着手籌備推出這本《何鑑江傳》，這一來就忙碌了兩年。這部書大部份篇幅由「老鑑」親自着筆，當中也獲得數名朋友幫助，令這部書終於可以在本年面世，令人相當感動。

　　本書從「老鑑」在澳門老家的成長說起，及至後來在香港發展，在命運的安排和自身的努力下，得以闖進屬於他的廣播界及足球界天地，最終成為行內的一代翹楚，當中的故事相當勵志，也讓人對香港廣播行業及足球界發展有更深入和獨特的了解。對於一名八旬老翁來說，要將這數十載的重要故事一一記下並行之成文，確實是一個相當艱鉅的任務，因此寄望讀者可以好好細味這部對香港廣播界和香港足球界來說相當重要的經典。

二〇二〇年五月

▋ 編輯的話

江少（羅偉光）

能夠有幸參與這本書的製作，要多謝三個人，首先漫畫家曹志豪先生，多謝他在舊公司時，給予我機會參與足球節目，因而結識到我兒時偶像何鑑江先生，繼而令我有機會參與這書。更要多謝傑拉德（霍志明）先生，是他將「一鑑江湖」這個夢想，最終變成真實。

我與 KK 結緣於漫道足球節目，及後無論我去到那個平台工作，每當我節目遇上難題邀請他協助，他定必義不容辭地鼎力相助。他對後輩的扶持，是傳統美德上的典範。

當知道他有出自傳構思的時候，我不知天高地厚向他提出，可否給予我機會參與。當時心想必須把書寫好，才能夠找到出版社發行。更難得是他對我這位寂寂無名的後輩，竟如此信任。

當然編輯過程上，並非一帆風順，而我終於知道天多高、地多厚時，但我仍要決意把書完成，因為相比起書中 KK 的故事，我所面對的難題根本算不上是甚麼。

　　及後更發覺他的過往，竟與我家族背景十分相似，當我一直編輯這本書時，彷彿像時光隧道般，將我帶返從前，泛起我爺爺在澳門的經歷，老爸在醫務處時的時光。雖然我倆年紀相距甚遠，但他整個人生歷程，令我有著感同身受，可能這就是緣。遺憾是在差不多完成此書時，老爸經已離開，未能分享這份成功。更多謝我表叔提供相關圖片。

　　最後，要再次多謝傑拉德不理任何回報，去投資這個項目，完成KK心願。令我想起一句話：「還人心願，如還己願。」而能夠有幸參與這書，是我畢生榮譽。

一鑑江湖

目錄
CONTENTS

第一章

澳門成長篇

｜ 我和靜江與爸媽的合照

　　坦白說，我也不太清楚自己的出生年份和兄弟姊妹有多少，只是從家中長輩記憶所知，我應該是在農曆 1935 年 12 月 24 日於廣州河南洪德區，由接生員接生。父親何鴻勳乃粵曲戲班幕後人員，母親林惠芬則擔任家庭主婦。我究竟有 11 還是 12 個兄弟也不得而知，只知道自己排行第 9，我弟何靜江排行第 10，電影演員何柏江是排行最大的兄長，此外還有姐姐和妹妹。

　　童年時，抗日戰爭爆發，由於廣州向北方提供軍備支援，日軍為了切斷該條補給線，所以廣州成為日軍重點轟炸目標之一。繼而廣州淪陷，我們全家逃難至香港，在香港中西區普慶坊租房居住，並入讀華僑小學。還記當時是穿着藍布長衫和木屐上學，因此暫忘戰爭之苦。

　　當年父親和哥哥長年在外謀生，他倆均在粵劇團（戲班）工作。父親在畫部，主要負責戲台上的佈景和燈光等佈置。記得當時戲台上所有

佈景用的花都是由父親手工做成，粵劇是分場次演出，每場中間變場時都有大型布幕落下，以便台後工作人員改換佈景。布幕是用人手操作，既要用力，亦要配合鑼鼓聲，上落幕都要跟隨節拍行動。

父親當年被指定負責上落幕工作，聽說當年在新星劇團工作時，粵劇名伶任劍輝指定由我的父親擔任這工作，他因而得到「司令」這外號。大哥何柏江初期在父親的戲班是做「拉扯」，即是在粵劇中擔任小兵或店小二等角色。由於大哥很早出來工作，所以我們在家甚少見面。

童年時的我

可惜好景不常，由於日本與德國結盟，「香港保衛戰」隨即爆發，駐港英軍迅速戰敗，香港正式淪陷。還記得日軍進城時我正在上學，忽然聽到日本由九龍向港島發動開始進攻的炮聲。經過一段時間後，老師對我們說日本兵已登陸香港，正向市區進軍，全市實施戒嚴。當時為逃避日軍，老師帶我們躲進防空洞，翌日才敢和家人見面。

日佔時期，學校停課，但對於仍是小孩的我來講真的不知死活，那時候仍然四處往外面玩，更曾經看到日軍對市民濫用私刑。記得在我家附近有個小球場，是平日我們常去的，但原來已被日軍佔據用作行刑之用，我們有時在球場鐵絲網外目睹日軍行刑情況，用槍射殺或用東洋刀處決市民。

當時香港市民生活艱苦而且物資短缺，每個家庭都有一張定額配合的許可證，用作分派限量鹽、糖、油、麵粉和米等日用品。記得我和大哥柏江曾經在上環街市海邊附近，拿著「配米證」排隊「輪米」。由於當時年紀尚少，所以從前門進入取米後，後門出來時米便被人搶了。排隊時全部人更只可坐在地上，不准站立。有一次大哥不知是太累或是其他原因，竟不小心站立起來，日軍隨即向他揮起竹棒，大哥差點被他們打死！

日治時代的香港，糧食短缺，日常靠「糧票」分到的米作為主食糧。當年街上還有人賣零食，記得當時有種食品叫「神仙糕」（即早年香港所賣的炸糉型狀），用粗米浸水，發烤後煮成比較糊狀，再拿去蒸熟切成三角型，再放在油鑊炸，這便是我所說的「神仙糕」。雖然裏面大都是水份，但非常美味，這已經是我的童年美食。

到「香港淪陷」第二年，我們全家逃到澳門投靠舅父。當年他在南北行工作，二戰時期澳門是中國大陸和外地之間的物資運輸中心，大部份戰區物資都經由澳門轉運，所以他的生活尚算可以。

我們三家人住在營地街市附近的吉慶里（該樓現在還在），包括舅父一家三口，姨媽和我同年的表哥，一個盲眼的六姨，該屋間格是前面是陽台，中間是大廳（大約 200 平方英呎）和房間，最後面是廚房和天井。舅父住房間，我們在大廳放上一張大床，日間把一半床收起變成客廳，渡過所謂「一家八口，一張床」的生活。天氣熱的時候則可以睡在陽台上。

在此特別提及失明的六姨，她不單止能夠照顧自己，還可以照顧我們日常生活，包括燒飯、洗衣等日常家務。我們住的是 2 樓，當年澳門唐樓梯間十分闊，所以常有流浪者晚上在那裏渡宿。小時候我們怕黑，每次夜歸時都會大聲叫六姨下樓，陪我們回到家裏。

　　澳門在戰時是「二戰中立地」，由於日本與葡萄牙簽訂協議，所以日本不得入侵澳門。而市區表面尚算太平，只是間中發生特務仇殺事件。澳門是當時物資轉運站，海邊一帶水路交通繁忙，繼而產生出一大幫人做海運的中介（俗稱「水客」）。某位名人亦在此時擔任水客發蹟，當然名字不便在此透露。

　　在「香港淪陷」期間，我大哥未能享受孩子該有的讀書權利，而我則比較幸運，可以在澳門重新渡過我的讀書生活。1943 年我在鏡湖小學就讀，並於 1949 年小學畢業，當時只有 16 歲。鏡湖小學與平民學校在 1948 年合併，即是現今鏡平學校，新校舍在 1949 年中落成，所以我亦成為鏡湖小學最後一屆畢業生。當年每天步行上學時，由大三巴牌坊左邊旁山路位置，即是現在旅遊巴士停車處，步行落鏡湖馬路往就讀學校。放學沿途回程時，我會在牌坊爬上牌坊左邊最底的空洞休息，從高處遠望家裏方向。如果上空附近有煙升起的話，便知道家裏正在煮飯，然後就起程回家。

　　說起牌坊，現在牌坊對落的食品街（即現在的大三巴街）整條街，專門售賣松木家具，對象主要是當時駐守在牌坊上面，大炮台山上的非洲籍葡國兵（都是黑人）調回祖國時都會買樟木櫃，可惜他們只買到奸商所用雜木制成的假樟木櫃。

| 1949 年的我

　　在鏡湖小學升到六年班，就有機會當上糾察，當時身穿黃斜布襯衫及短褲，手握童軍棒，負責校內秩序。因為鏡湖除學校外也設有醫院和義莊等慈善服務，所以每逢有活

動舉行，我們糾察隊就要被派往服務。最難忘就是每年春秋二祭，便被派去義莊當值，面對的全是有屍體的棺木，那時根本不知「驚」字怎樣寫。

每當放假時，我會與同學過關往鄰近的珠海遊玩。當年關閘（即現在的拱北）出入不用證件，所以我和同學去玩時，往往越過關閘過珠海境內。記得當時沿途盡是村落和田野，有時候會下田捉魚回家飼養。

香港日治時期的「神仙糕」，與我在澳門品嚐到的小食相比，簡直天淵之別。最悠長著名的，當然就是「豬仔飽」，塗上人做牛油後，澳門人稱為「快艇」。此外亦有茶樓將賣不出去的餅配合其他配料，製成一種香餅叫「咸切酥」，香趣可口，每當我有零用錢時，便會排隊購買。

當年流行食品的有一種叫：「豬油糕」和「杏仁餅」，是遊客購買的手信，那時並沒有「牛肉乾」等產品。以當年澳門市民的經濟能力，一般是買不起這些食品，所以我們童年時常吃的是「豬油糕邊」。豬油糕的形狀像麻將牌形狀，成品是一大塊圓形的糕狀，然後再切成長方塊包裝售買給遊客。因此剩下來的糕邊，就只有平價買給澳門本地人享用，故當時有句著名的口頭禪：「食糕食糕邊！」。

當時我家附近有製沙河粉店、泡水館、磨刀店和兩間理髮店，閒暇時就在理髮店與師傅聊天，並學識此行的術語，好像男客就叫「山頭」（代表頭髮好像山頭般亂），女客便叫「莫全」（原稱薄泉，後來才改稱莫全，形容女子髮絲好像泉水般柔順），剃鬍鬚的就叫「趕蟻」。

有時我亦往家對面的製河粉店找某個相熟的師傅，他總是將剛製成的河粉捲成腸粉，再加上豉油和豬油給我試吃，當時真是「食出神

仙」！較為有錢時我就去吃麵，當時淨粗麵叫「媽水」。

記得當年在中秋節時候，我與其他同學合作紮花燈到市場售賣。澳門亦有盂蘭盆會等節日，街坊市民也有燒衣習俗，更不時向街灑上散錢，所以我們相約一班同學，一齊去執拾散錢。另外拾錢也要講究方法，因為好多人會一齊在搶，所以必需看準位置，手腳並用，以多錢的地方作為目標。當我們到和同學有關的紙紮店鋪，在差不多開始灑錢時，我們就站在人少地方。當同學散錢時，就會將散銀特意拋向我們方向，所以每年我們收獲也不錯。

其實我在澳門讀書時候很少接觸足球，閒時只和數名朋友踢兩腳而已。當年澳門，並沒有正式足球聯賽，最精彩只有「聯義」和「紅黑」兩支隊伍踢一些友誼賽和慈善賽，兩支隊伍都是強隊人馬，聯義會長是前澳門特首何厚鏵的父親何賢，紅黑是由一班葡籍人士組成，聯義隊曾有郭氏三兄弟參與，他們郭石，郭有和郭錦洪（即 2018 年香港亞運男足代表隊主教練郭嘉諾之父），三兄弟在香港球壇甚有名氣。就如黃志強（「南華三條煙」之一）和後期東昇足球隊的翁偉國等等，其實都是來自澳門。

畢業後由於年紀太輕，當時社會氣氛大多只會聘請年齡較長的人工作。所以我沒能立即找到工作。為了充實自己，於 1950 年報讀由《澳門中華總商會》開設的「商業訓練班」課程，內容大致有簿記、珠算、尺牘等科目，並將原辦之國語研究班併入國語科（國話班）。但因當年畢業證書乃由中華民國政府所發，中共政府並不承認，所以唯有再多讀一年，以取得「中華人民共和國」的資格認可。此外在商會讀珠算時，有一科目名為「青年」，是一項必修科目，並且一定要合格。內容主要是馬克斯主義，那時才發覺原來共產黨已經將他們的意識形態，從文化

中逐漸侵入大眾了。念完商會之後我仍閒在家中，老父介紹我去讀私塾（俗稱「卜卜齋」）上課是讀《四書》和《五經》，令我到現在也可以念出整首《長恨歌》、臨帖寫中文字都算正確。

同年後期我得到鄰居介紹，到新馬路的國際酒樓（即現今「大龍鳳茶樓」）點心部工作。從零晨上班，學造點心，到茶市時候，負責到樓面賣點心。當年賣點心並不是「推車仔」，而是「捧蒸籠」（因為蒸籠形狀像巴士軚盤所以俗稱「揸糖環」）。當時我剛畢業出來，個子不高，如果與點心師傅關係欠佳的話，他將蒸籠疊至又高又重讓你捧出樓面，那時便有你好受。

一年後，我跟隨國際酒樓全部員工到香港佐敦吳松街「林園茶室」上班，當年的工作頗為辛苦。早上 2 時便要起床開工，但實際工作時間是早上 4 時才開始。原因是我們點心部與中菜部都住在同一所宿舍，他們收工後回宿舍休息，便要趕我們起床。而每天凌晨時份上班時，在公司附近總遇見仍未收工的妓女跟我們打招呼。在香港林園的一段時間，

1｜1949年：澳門國際酒樓同事
2｜1949攝放澳門新馬路國際大口，當時在酒樓賣點心

| 1 | 2 |

真的弄至精神分裂，曾經在一個月內有多名同事病倒，當時「老大」見勢色不對，所以約我們所有人在兵頭花園（即現今的香港動植物公園）商議，最後決定集體辭職，便全體拉隊回澳門，結束維持一年多的顛倒生活。回澳後大約半年，我才決定再來香港尋找工作。當年往來港澳是乘搭佛山號客輪，單程也要用上 4 小時航程，並非現今般快捷方便。

回想當年由澳門到香港，當輪船進入香港口岸時，船上人員會提醒旅客，落船時手持證件，當遇到查問時要大聲回應，因登岸時警方會抽樣查問。

親人篇

1	3	6	8
2		7	9
4	5	10	

1-3 ┃ 我與親人合影（圖片來源：《何靜江與我》）。
4 ┃ 表弟林森（左）與我（右）
5 ┃ 家庭照。
6 ┃ 左起：媽、靜江、鑑江、家姐、舅父養女。
7 ┃ 我與同年老表。
8 ┃ 我、老表和家姐等人合照。
9 ┃ 我與亞叔兒子合照
10 ┃ 我們家族的合照，包括大哥柏江、細佬靜江和妹妹，可惜
家姐在多倫多未能聚首一堂。

証書篇

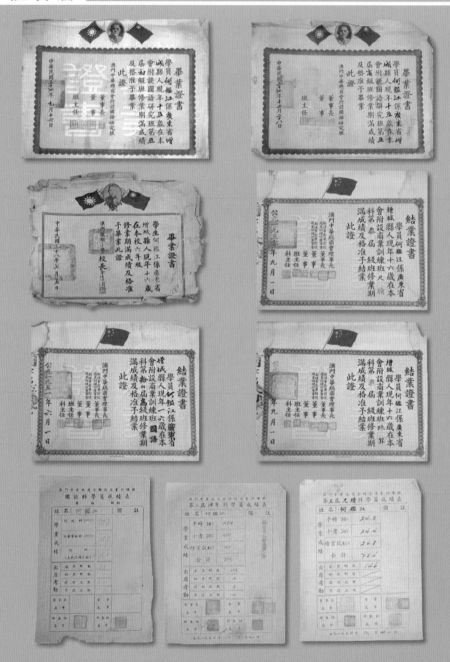

第二章

香港首二十年：醫務署篇

2.1　九龍醫院

　　離開國際酒樓再返回澳門，始終當時澳門發展有限，所以在 1952 年決定重返香港尋找工作。當時大哥委託在醫務衛生署工作的朋友，看看有什麼合適崗位可以介紹給我。經歷重光後的香港，各政府部門都欠缺人手，只要有錢便可以委託他人介紹工作，尤其是低級公務員崗位。他們的規矩是先付 300 元介紹費，然後再付上入職後第一個月薪酬便可。當年我月薪 90 元，以當時生活指數，大約「斗零」（港幣 5 仙）便可買一個雞尾包。為了償還介紹費，一開始的幾個月真是「白做」！

　　由於要在香港等候面試消息，在沒有落腳點下，唯有依靠在香港戲班工作的父親，住在戲院後台，吃戲班大棚飯。當時粵劇在香港尚算興盛，每星期分別在香港區高陞戲院和九龍區普慶戲院上演粵劇，每間需要做一個星期。由於當年尚未興建海底隧道，所以每逢星期六做完夜劇之後，便立即收拾一切，趕往乘搭第一班油麻地汽車渡輪到香港另一間戲院，趕做當日日戲（俗語叫「拉箱」）後來戲班發展到往銅鑼灣利舞臺戲院、深水埗的新舞台戲院和旺角東樂戲院（現址聯合廣場）等地上演。

　　我在 1952 年尾接獲醫務處聘請通知，獲派往九龍醫院門診部（當時叫「街症室」）任職苦力，身穿黃色制服（又稱為黃衣大漢），月薪 90 元，另加津貼約 30 元。當年發薪形式是在每月糧期當天，會有警察護送「糧款」到醫院，然後所有職員排隊發薪，到後來才改由匯豐銀行統一發薪。最有趣是當年每到發薪日，當局會在醫院廣場秘書處放置一張長檯，由發糧官（當時俗稱「管使」）到場發放薪酬，各員工在檯前排隊輪候出糧。

1 | 1955 攝於九龍醫
　院街症員工歡送護
　士長退休。
2 | 在醫務處出糧時的
　情境（概念圖）

　　當時管使後面除了有員工家屬，更有醫院包飯者和一些借錢給員工的人同時等候。原因是當這些有欠款的員工收到薪水後，必須要面對債戶，並交付家用和欠款，有些管使與員工太太相熟的話，便會抽起部份薪金直接交予太太作為家用，餘下的薪酬才授予該員工。這是院方向員工家屬和包飯餐者的保證，以免員工對家屬不負責和拖欠包飯者太多飯錢。

當年我們有宿舍休息，但要睡「流水床位」。即是某床位的人當夜更時，我便睡他的床。宿舍有人包伙食，但每餐花費 8 仙，那時環境尚算不錯。X 光部某一間宿舍位置較遠一點，在醫院斜路下面（往九龍城方向）宿舍裡頭，有 6 張高架床，並多出一個床位。後來因為踢球的關係與 X 光部同事熟稔下搬往他們那邊居住，在我日後讀夜校時有很大幫助。當時交學費後的薪酬所餘無幾，由九龍醫院往旺角麥花臣球場附近可步行而往。雖然當年巴士分段收費，這段路收費只是 1 毫，但都寧願徒步出去，沿路買麵包充饑。另外當時社會環境品流複雜，所有警察乘搭巴士都不會買票，當遇到車上售票員（當時巴士上有專人拉閘和售票），便稱呼：「伙記」（警察別號）。所以當年有很多人都冒充休班警察乘搭「霸王車」，哈哈……當然也包括我在內啦！更有些人故意將報紙等物件放在後褲袋，看上去好像陀槍探員，冒充「CID」坐車。當年九龍醫院也有足球隊，隊員包括男醫生和男護士，亦因踢波關係，間接有利工作。後來我們更合力自建一座球員休息室。

加入醫務處工作後，才開始多點接觸足球，我在九龍醫院時擔任守門員，及後在一次比賽被人踢中鼻樑後，從此改踢前鋒。當時我們「九醫足球隊」在小球圈甚有名氣，隊中大多是由醫生拉頭，再加上男護士和員工所組成。時常參加公開盃賽，當年最有名的是「政軍醫杯」，是由當年公會政軍醫主辦，香港著名翼鋒區彭年當年就是踢市政這支球隊。比賽都在鐵路球場舉行，即現時紅磡火車站附近，當時全都是沙地球場。

另外，亦有參加由華員會主辦的華員盃，參加的全都是香港公務員，如市政局、郵政處和水務局等。其中不乏球圈名將，例如代表市政足球隊的區彭年，還有盧松江和文錦棠，另外亦參加九龍杯。文錦棠更是我們模範英文中學的足球校隊教練，並曾帶隊奪得學界冠軍。球隊在學界非常出名，是出名「茅」又夠惡，所以當年外間稱呼我們「爛仔

1 ｜當年我當守門員時，撲救來球。
2 ｜當守門員時另一次撲救。

1 2

隊」，就連出名最惡的聖士提反書院也懼怕我們。由於當年校隊並沒年歲限制，所以我也參與其中。（有關就讀模範英文書院事跡，留待往後章節細表）

我們通常都在鐵路球場比賽，回想當時有很多公開賽競爭非常激烈，常常打架。最有名算是九龍杯，在麥花臣球場比賽的時候，甚至有球隊抱着輸打贏要的心態，帶備單車鏈子等工具作武器，所以我參加一屆之後就決定放棄，反正我們在醫院山頂位置有自己的沙地球場，每逢假日都有球隊來跟我們踢友誼賽，對於這些公開賽可免則免。後來我再跟隨當年南華隊大將盧松江和蔡華根到外面踢九龍杯，發現比賽十分暴力，比賽期間時常有人粗言相向，我也感到戰戰兢兢。

當年踢球除了注重實力，還要講究人事關係，跟隨這些工作上伙伴踢球，他們常常抱着輸打贏要的心態。我並不太過享受這種足球文化，始終踢足球只是我工餘的樂趣。繼而 1962 年曾效力當年的丙組球隊「麗的呼聲」，但只踢了一季，便因工作關係放棄參賽。

1 ｜1955九醫足球隊，攝放九龍醫院球場

2 ｜攝於九龍醫院山頂足球場。

3-4 ｜攝於 1956 年，由九龍醫院員工自建的休息室。

1	
2	
3	4

1-2 ｜九龍醫院籃球隊。
3-4 ｜九龍醫院小型足球隊。
5 ｜在政府大球場參加由政
府各部門舉行一年一度
的足球賽。

我在醫院工作範圍是在醫生房門口，按病人手持號碼，按次序通知進房召見醫生，到下午五點便開始清洗大堂。當時街症給病人坐的長木櫈，全部都是實木製造十分之重。每張長櫈可坐大約 10 人，要數人一起才可搬動。而我利用油滑的地面，順著方向推向另一位置，力度亦十分講究，如此工作，每日如是。

由於報讀了夜校，所以下班後我便到培正學校進修英文夜校課程。在工作上可以用簡單英語和護士長（護士長都是外國人）溝通，所以後來每晚在清理地方時候，我總站在護士長（Sister）旁邊，指揮其他同事工作，當年同事們都笑我狐假虎威。

後來我被調到打針房和換藥房，由於換藥房是為受傷縫針的病人，檢查傷口有否發炎和拆線。當年很多兒童都頭頂生瘡，割瘡後須定期清理傷口，而這亦是換藥房工作之一。那年代，結核病（俗稱肺癆）十分流行，每日有上千計病人到門診部打盤尼西林針。因為我懂英文，所以護士長便把我安排在打針房工作，負責檢視醫生開給病人的針紙，告訴病人打針時間和日子，並把針嘴消毒。由於當時醫療物質非常缺乏，打針所用的針嘴都要反覆再用，所以每次用完針嘴，都先用梳打水清洗至証明通順，然後才放入電熱水煲消毒。當針嘴重覆使用後，針頭變鈍，我們就用磨刀石將針頭磨利再用。那時護士長對我十分信任，我每日負責到她辦公室領取針藥，下班後再寫有關當日損耗量的報告。當時護士都沒權領取針藥，我可算是享有特權。如果當年我泛起貪念偷賣針藥的話，現在可能發達，當然亦有可能受牢獄之災。

終於在 1955 年底，我晉升為護士助理，改穿白色制服，並調派往九龍醫院急症室工作。工作範圍是幫助醫生和男護士，將由救護車送來的病人幫手「轉床」。如果送進來的是自殺者，便立即準備洗胃工具和

協助洗胃，有傷口者則負責清理傷口，再交由護士或醫生縫針。急症室附有小型手術室，負責一般如割包皮、瘡患等小手術。另外，每星期也有婦科病診症時間，這也是我們最尷尬的工作。我們先喚女病人倘在床上，將雙腿托高分開，準備叫「鴨嘴」的儀器，然後插入陰部，以便等候醫生進來診症，尤其遇上熟悉們朋友或同事太太，更顯得非常尷尬。

當時救護車是由醫務署管理，並非消防處負責。一般救護車都會停在急症室門外，急症室內有當值警員，所以我們和部份警員和救護車人員十分熟悉。後來成為九龍及新界區首席香港法醫官的李福基醫生，當年在這裏當值時跟我們很談得來。每當有公務員，特別是警務人員，到急症室求診時，必然是想請病假，李醫生必定問我們應否給予他們病假紙，於是令想請病假的同事每次進來都先和我們打個招呼。

當年九龍醫院街症護士長與羅文．白蘭士喝下午茶。

英國人十分注重喝茶時間，每天早上 11 時和下午 3 時這兩個時段均是飲茶時間。護士長喝茶時由我負責泡茶，那時任何工作都要停止，只有我可以自由出入。所以當需急取藥物時，護士都只有托我到護士長室領取，可見當時我深得護士長的信任。

在急症室當值時，曾經遇上很多大事，例如在 1955 年 6 月 28 日有一宗大埔道印刷公司員工，因飲用豬腳湯時誤服山埃導致的九死一生事件。案件發生在當年某夜晚飯時分，救護車人員推送一批病人進來，當時救護人員描述他們吃錯食物，醫生立即安排病人進行洗胃。由於當時需要洗胃的病人太多，兼且人手不足情況下，病人接連失救。後來醫生作出反應，決定將最後一個送來的病人，搶先進行洗胃，最後亦只能救回最後送來醫院的那個病人。這宗導致 10 人送院 9 人死亡的食物中毒事件，成為當年稱為「九死一生」事件。後來經調查發現是他們誤把山埃當成食鹽使用所致，如今回想仍記憶猶新。

在急症室遇上較多的是女性自殺。當時自殺者大部份都是飲「滴露」消毒水，送到急症室唯一搶救辦法就是洗胃，將病人放在床上，用一條中間有洞，用作將膠喉放進胃內沖水的特製木棒洗胃，十居其九都可保命，但因胃部被滴露燒傷，帶來的後遺症甚大。

另一件大事就是 1956 年「雙十九龍暴動」。當年的 10 月 11 日下午，正當我們準備下班的時候，忽然接到所有員工均不准下班的指令，須留守工作崗位，直至另行通知。晚上 8 時後陸續有傷者送到急症室，消息指當時在石硤尾徙置區附近發生暴亂，事件起因是兩名房署職員，撕去李鄭屋徙置區居民所張貼的「青天白日滿地紅旗」。及後事件禍延至深水埗嘉頓麵包廠房一帶，對出的大埔道有一架的士被群眾縱火焚燒，車廂乘客是瑞士駐港副領事伉儷，事件最後導致副領事重傷，副領事夫人死亡。

翌日事件持續升溫，所有車輛都要在車頭上張貼「青天白日滿地紅旗」才可確保安然無恙，連政府車輛也不能倖免。從當晚開始我們便要留守在急症室當值，那時真的要吃「政府飯」了。事件去到第 3 天，政

府開始全港實施戒嚴，市區並由駐港英軍、啹喀兵及華籍英軍接管。期間市區不時發生槍聲，更不時有傷者送院治理。據當時傷者描述，大都是在回家途中，或在家打開窗戶時遭到英軍者射擊。

翌日我們接到通知，由於救護車不足以應付市區騷亂情況，並要求我們派出人員，到市內搶救傷者。於是我們用政府的木貨車改裝成臨時救護車，連同一至兩位急症室人員，隨車到市區內巡邏，每當看見傷者便即時在街上進行急救，並將其送往就近京士柏山的陸軍醫院（現時為京士柏運動場）。豈料第一晚便發生事故，當晚我們準備駕車由彌敦道轉入亞皆老街時忽然聽到槍聲，司機立即停車，當時走出兩名啹喀兵，對方盤問後才獲放行。我們回到醫院後隨即向上頭反映，均認為市區情況太危險，拒絕再次出車。及後經過商議，由警方派出軍裝警員護送下，我們才答應復工。如果連自身安全也保護不了，如何有能力去救人。回想當時畫面，在街上救到的，有些已經死去，但我們沒權決定病人是否確實死亡，所以不論傷的、死的，全都把他們一併送到陸軍醫院。

這件事亦發生一些小插曲，有些缺德的救護人員和警察在搶救時，誤以為傷者已死，所以把傷者身上的財物據為己有。可惜被救回的傷者復元後，發覺財物不翼而飛，並向院方投訴，調查後憑時間和地點等資料，證明是某救護人員和警察所為後，最終犯罪者遭指控定罪。

最終這次暴亂禍及九龍和新界多個地區，據聞以荃灣紗廠區的傷亡人數最為嚴重，曾經有人形容「荃灣街上屍橫遍野」，整體死亡人數60名中有一半在此區喪生。據了解，當年荃灣有很多紗廠的高級人員和領班，大部份都由上海逃亡到香港，他們是親國民黨，一眾勞工則是親共產黨，平時都有不和，是這次衝突中引起打鬥，死傷人數最多原因之一。

　　後來我亦試過在院內，擔任電動車控制員，負責將病人，由急症室運送往山上病房，該電動車形狀像一個長方形鐵箱，並可容納一張病床，更可連同病人一併運載。另一邊有手桿拖着，我在前面可用手桿隨意控制快、慢、停等動作。電動車的唯一壞處是運載完一次之後便要立刻充電，及後不知因何原故，此車遭到停用。

1　｜九龍醫院街症大堂聖誕晚會。
2　｜九龍醫院街症同事。
3　｜1955攝於九龍醫院街症員工歡送護士長退休。

在急診室工作至一段時間，重用我的護士長，需要退休返回英國，在她離開前。問我有什麼請求，並可以盡全力幫我！我跟她說：「我想找一份可以長期當通宵更的工作，以便我在日間報讀英文學校。」後來她通知我可在九龍城賈炳達道的「李基紀念醫局」上通宵班，上班時間時每晚凌晨 12 時至早上 7 時。於是由她安排下，我開始了另一項工作的挑戰。

2.2　李基紀念醫局

李基紀念醫局位於九龍城賈炳達道的九龍城街市旁，醫局有兩座建築物，單層的是普通科門診部（輪候街症），每星期有一日牙科服務，旁邊兩層高的是產科，提供接生和產婦住院服務。由於當年九龍城寨人口品流複雜，當年醫局內外，所有門窗的門柄和把手是銅製品，並且非常值錢，往往便成為吸毒者的盜竊對象。

當時須面對的另一個難題是「籌號」。當年大部份市民均在門診部求診，並且等候需時（當年診所數量不多，診金亦以政府門診較為便宜）。為了取得籌號，有人會用物件佔位，更有人趁機販賣籌號。這都是我要解決的難題，故此每晚上班心理壓力很大，每時每刻都要打醒十二分精神，有時甚至不惜以武力解決問題，也因此得罪了不少人。有次遭受「撥糞」，幸好我在九龍醫院急症室工作時認識不少黑白兩道人物，於是向他們求助下，事件最終才得到平息。

此外醫局產科旁邊有個停車場，24 小時我都要留意，看到救護車送產婦進來時，馬上要開門讓救護車駛進來，事後並要立即關門。幸好產科部的護士知悉我在日間上學，她們對我都非常體諒，開時讓我偷偷

攝於 1969 年的醫務處，有同事移民到英國，和醫院看更在歡送讌合照。

睡在病床休息。但有件事至今亦沒法解釋，就是當我睡覺時常常發生奇異事件。當我閉上眼時，好像有人壓在我身上，我當時神志清醒，但四肢總彈動不得，每當我用力掙扎，總會弄至手腫腳傷。回想當時果真是膽大包天，對著病床，每晚竟照睡無疑。

在李基醫局工作期間，我報讀模範英文書院，並於 1962 年畢業後，日間仍然在外面工作，晚上如常繼續在李基醫局上班。那時候政府待我真的不錯，差不多每晚一邊睡覺一邊領薪。我在李基紀念醫局做到 1972 年才因為要投考香港電台才向政府請辭，原因是當我報考港台時，政務處拒絕我的申請，理由是我在醫務處職位是管理員，與港台所報考的職位節目主任級數相距太遠，所以要我先放棄醫局裡的職位，待 3 個月後才獲重新報考港台的機會。此舉令我往後失去退休時該有的全額養老金，所以後來離開港台時收取的退休金大為縮減，但沒想到這個決定影響了我的下半生。

第三章

踏入港台篇

3.1　模範英文書院

　　我在 1960 年初就讀模範英文書院，初期校園在亞皆老街，1961 年遷往九龍塘牛津道，日間上學，晚上仍然繼續在李基紀念醫局工作。1962 年時，由於會考不合格所以停學。我是當時全校年紀最大的人，由於年紀較大兼學歷底子較差，所以在學習過程上十分吃力。特別是數學科目是「聽極都唔明」，任我怎樣努力研讀，始終毫無進展。當時有一名同學叫陳志修，他的年紀跟我差不多，此人對我往後事業影響甚大。

　　畢業後，我在朋友介紹下到北角英皇道東方車行擔任接待員，主要工作是當客人交車來修理時，把需要修理的狀況寫在工作單上，再交給修理員。當時我對汽車機器一竅不通，所以在初期落單時唯有翻看工作表紀錄，按客人要求搬字過紙填寫，因此逐漸掌握各樣機件的名稱。

　　當年冠軍騎師鄭棣池的練馬師駕駛的雪鐵龍（Citroën）汽車是由我廠修理的，更因而發生一件趣事。某年元旦前我將車送回給他，當時順道問他有沒有「貼士」？隨即他交給我一張元旦賽馬日賽程表，上面「剔」了幾場賽事。於是我相約伙記在元旦日進馬場拼搏，以為這次要發財了！豈料結果是輸錢而回。並非該練馬師所「剔」的「貼士」不準確，而是「貼士」並非全部都中。當我們賭贏某場賽事後，乘勝再追下一場便輸。到我們再清楚才下注後，沒下注那一場就中。終於全日計算起來，還是要輸，此後我便停止賭馬。

　　及後車行結業，我被玻璃街的「亞洲車行」相中，於是轉到該車行工作。此車行專門修理寶馬汽車，是黃錫彬家族所擁有（前南華教練黃

興桂之祖父）。當年很多政府官員和練馬師都是我們客戶，當中更包括有考牌官，我的駕駛執照都是在當時考取。

在亞洲車行工作時亦要送客人回家，或將修好的車回送客人。初期我沒有駕駛執照，但仍舊照樣開車。因我在澳門已有駕駛執照所以懂駕車，其次就算遇上查車時，當年亦不需要馬上出示駕駛執照，當年的法例是只要在 24 小時內交到指定警署便可，如發生事故的話就叫大哥代替我，將他的駕駛執照交上警署。但幸好從來未發生過！

另外，當年申領汽車保險亦很簡單，只要按車主要求，將要修理的部份估價，再向保險公司上報，保險公司會派出一名公證人員到來檢查。因我廠和保險公司公證人員十分熟稔，再加上互相信任，所以當時

| 1960 年在東方車行

1962 年在模範英文書院

只需打電話給他解釋修理部份和價錢便可，他一般通常都是減 10% 差額就可以開工。

在此亦可以跟大家分享多一件往事，某天其中一位老闆的太太帶同孩子來探我們，後來才知道她是黃應求的太太，他的兒子就是黃興桂。及後因應加入港台後之工作量增加（當時兼職港台），繼而放棄車行工作。

在模範讀書時，有一名同學是在麗的呼聲工作，麗的當時有一支球隊踢丙組聯賽，那同學邀請我參加，就此我便開始踢正規十一人足球

（俗稱踢大波）。比賽大多在跑馬地舉行，由於比賽靠近在馬場跑道大石鼓旁，每當馬匹跑到大石鼓時，所有球員都停止比賽，一同觀看馬匹比賽，有時還會聽到騎師大聲叫：「你快啲上」等說話。

直至一年之後，有次跟文錦棠到元朗踢元朗夏令杯，被警察球員曾華在一場比賽中踢中膝蓋，這次創傷令我足足抽了 3 年骨水，往後每當右腳發力時都引致劇痛，於是把心一橫退出足球場。至於看足球比賽是在我接觸足球後，才開始漸漸培養出這種興趣。

3.2　進入香港電台

其實我首次進入香港電台的時候，是由報導報紙新聞開始，並非大家熟悉的足球節目。就讀模範期間認識的同學陳志修當時在麗的呼聲工作，1961 年 12 月是香港童軍運動 50 週年金禧紀念，香港假現今九龍仔公園主辦了世界童軍金禧大露營。由於在車行閒來無事，所以跟他一同參與這項活動。

有一天陳志修對我說：「你聲音清而響亮，你有無興趣進入廣播界？」我說有。起初以為他只是閒聊，豈料一周後他對我說香港電台想找人讀報紙，如果有興趣的話就嘗試帶我引見節目主持。於是在他引見下與主持鄭鏡彬先生（他對我的廣播事業幫助很大）會面，並嘗試給我參與節目，節目名稱叫《報

章文摘》，逢星期六播出。先由鄭君選出該星期報紙上的社評，然後由我和其餘 5 人輪流讀出。如是者我就開始在每個星期六到當時港台舊址水星大廈參與讀報。與我一同讀報的有當年廣告界有名報幕員尹多明，電台造劇組花旦柳青和一位梁姓商人。

1963年參加童軍小狼領袖訓練班

　　進入電台工作約半年後，鄭君跟我說電台需要直播澳門大賽車，想找我幫手，問我有否興趣？當時我聽到後真是不知所措，不過亦願意嘗試。於是就跟另一名主持人陳惠民，首次到澳門直播賽車。陳君後來道出找我的理由，乃因為我的聲音適合廣播（當年廣播界非常着重聲音和咬字準確），加上我曾在車行工作，對汽車知識有一定程度的理解，所以選派我跟他一同參與在外直播，記憶中當時參與直播的還有葉觀楫和韋基舜。

　　由於當年並沒有無綫咪，要用軍部的通訊器材傳送往發射台，然後再轉用電話線將聲頻傳送返港台進行聲音直播。我主要負責每當有跑車進入修理廠時，就要立刻報道現場情況，並跟獲勝車手作賽後訪問，首次訪問的是車壇名將潘炳烈。公司對我在該次直播的表現評語甚好，因而敲定我往後在港台外勤廣播的地位。

　　大約 1966 年的時候，港台當時還沒有新聞組，每日新聞是由公共事務組負責報道。我被當時的新聞組主編歐陽義德招攬為記者，廣播

1 ｜1958 年澳門大賽車在修理站內報道
2 ｜1958 年澳門大賽車訪問潘炳烈

1 2

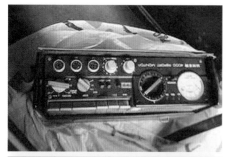

新聞方式是每日派記者到事發地點，以錄音方式報道，每段長度約 3-5 分鐘，由編輯制定內容。所用的錄音機分為三種，當時質量最好的品牌子是 USHER，該機備有回帶重聲，並設有剪接工能，用的是 5 寸錄音帶。另一個著名品牌是 EMI，此機重達十斤以上，如果要回帶聲十分耗電，所以我們都用筆將帶轉回。最後一種是 Fisher，所用的是鋼絲帶，只能錄音且過程繁複，要返回電台後交給工程部將聲音轉到普通錄音帶才能使用。

　　每當接到主編指示，我就要立即趕往出發到現場錄音報道，事後剪接成品。必須在主編指定的時間寫好簡單內容和訪問對象（每次規定必須有訪問），並附有開頭和結尾句子，如被用上才會收到報酬，否則當天便是「白做」。

　　我當年專門負責新界線，所以每天平均只做一單新聞（如果做市區可以一天內做幾單新聞）。擔任記者工作確實得益甚多，例如學懂錄音技巧、剪接、情況分析。例如要報道一場火警，到底要怎樣形容火勢大小等處理手法。要形容火勢很大的話，由於聽眾缺乏視像輔助，只能以聲音描述，所以須形容目前火勢有接近幾多層樓的高度，波及範圍有多少個單位，同時須分析現場情況，以及立刻思考準確的訪問問題時，因此學會各種報道技巧。

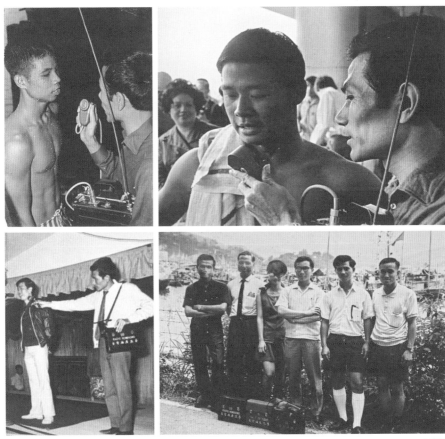

1 ｜ 1957 年在九龍公眾碼頭訪問渡海泳冠軍
2 ｜ 1958 年在全港渡海泳訪問王敏超
3 ｜在一次採訪中為致詞嘉賓錄音。
4 ｜ 1967 年轉播大埔龍舟競渡

| 1 | 2 |
| 3 | 4 |

香港曾在 1967 年舉辦國際龍舟賽，香港旅遊協會邀請我擔任粵語現場賽事報導。首屆是在筲箕灣避風塘角逐錦標，及後 1978 年轉到紅磡海傍（即尖沙嘴東部外的維多利亞港），較後則移師沙田城門河舉行，這些年的賽事都由我擔任現場報道，直至離開港台。那些年在中環舉行的銀碟競步賽事，香港旅遊協會亦邀請我參與。當年的荃灣龍舟競渡亦由我和靜江作現場報道。當年港台在大埔現場直播龍舟競渡賽事，並同時直播渡海泳。當第一位選手到達岸邊時，我馬上奔跑落岸邊石級拉着冠軍得主訪問，成為第一個接觸健兒的記者。

我在 1968 年正式和港台簽約，但只是成為月薪僱員，並不是公務員，所以沒有長俸。因此我辭退日間車行工作，但夜間醫務處的職位仍然保留，故同時維持做兩份工作。

跟據當年的合約內容，任何一位節目監製都可以徵用我，所以第一台節目監製派出的任何工作都要負責，當時我連兒童節目也要做。簽約後的首個節目叫《我愛三藩市》，是一個 5 分鐘的節目。由一位三藩市華僑提供內容，我則負責介紹，我記得當時我用了《San Francisco》做節目主題音樂。

3.3 《漁民一週》和《農村新知》

除了負責《我愛三藩市》，我也主持《漁民一週》和《農村新知》，這兩個特備節目由港台和漁農署合作，每週報道一次，節目長度半個小時。《漁民一週》是講述香港漁民生活和作業狀況，並介紹各種漁船的操作功能，也介紹「單拖」、「雙拖」等術語，我們要到香港仔漁市場及

跟隨漁船出海採訪。記起當時我跟隨漁船出海，起初懼怕因大浪而引致嘔吐，幸好習慣後便無事。記得我們在船上可以食到的新鮮海鮮，但不是什麼石班、鱲魚等種類，而是一網一網打撈上來的小墨魚、蝦和細魚等等。這些海鮮撈上來立即放入滾水裡煮熟，非常鮮味無比，平時亦很難有機會吃到這種即撈即煮的海鮮。

由於當年資訊缺乏，我們會幫助一些漁民將他們家中的重要事情，經由我們把訊息傳遞。例如某漁民家中有事或有人身故，我們以新聞形式即時報道，通知他們盡快回家。雖然相關資訊並非與公眾相關，但對漁民產生非常大的幫助。另外我們也會採訪每年一次的漁業展覽，以往天氣報告節目有一節是漁民天氣預告，可惜這一節不知何時取消了。

《農村新知》節目的內容當然圍繞住新界農民，內容由漁農署提供，我們需要下村訪問農民和當時的農業合作社（是新界農民和政府的合作機構）在種植技術和經濟支援狀況。菜農在每天清晨都將收成交往合作社，由合作社運往市場販賣。當年港台每天早上有市場菜價報道及市場動態，後期也試過在街市報道菜價。當年報道蔬菜價格原因是政府乃公營機構，有責任將市場狀況、供應量和價格公開給市民知道。可惜不知道是否受環境變遷或供應來源轉變下，節目亦跟《漁民一週》一樣遭到停播的命運。

想當年香港人很容易便買到本地蔬菜，反觀現在就困難得多了。而每年都有農展會在香港仔舉行，當時港台亦設有攤位，並由港台女藝員擔任農展小姐。回看當年漁民可以出海作業，農民可以務農為生，現在香港全都要依賴中國大陸，不知是進步或退步？

1	1-2 ｜1968 年香港電台在工展
2	會直播室
3	3-4 ｜1969 年港台直播長州太
4	平清醮

以往政府舉行很多大型展覽盛會，例如工展會、農業展覽會及維園花市等，我都被港台派出擔任直播記者，在會場即時報道新聞。我亦參與 1969 年長州太平清醮巡遊直播、在 1970 年分別直播女皇生日大巡遊，另外還有「香港節」等活動直播。

「香港節」是大型慶祝盛會，在政府大球場有閱兵儀式，當有 20 輛坦克車駛入球場時，我不知道怎樣評述，皆因坦克車行得又慢、官方又沒資料提供。當年並沒有網上設備，搜尋資料較為困難。當時有行家會說：「第一架坦克車駛入球場喇⋯⋯（等了很久後）然後到第二架⋯⋯」試問只憑聲音沒有畫面怎能講得好？就算此刻再有機會說一次，我也不知道怎樣描述。可惜「香港節」只曾在 1969、71 和 73 年舉行過 3 屆，及後政府因踴躍程度減低而停辦。

1 ｜ 1969 年 12 月 15 日在彌敦道（現柏麗大道段）直播香港節花車

2 ｜ 這張相片是當年直播元朗天后誕，我坐在外勤轉播車上。當年直播方式是由廣播車頂將訊號發到大帽山雷達站再送回電台，再由電台發送到山頂和城門水塘金山練耙場內的發射台。

3 ｜ 1970 年在大球場轉播香港節閱兵

4 ｜ 在中環遮打道舉辦的銀碟競步比賽擔任大會司儀。

5 ｜ 1971 年在九龍伊利沙伯青年館轉播籃球

1	2
3	4
5	

3.4　外勤直播的設備

　　這一回我會介紹在外地直播及錄播的設備和方法。我在港台參與過多項直播活動節目，然而當進行直播時，首先有關流程獲主辦單位批准後，就要進行實地視察，找出一個最適當的轉播點，接着向地方負責人申請，安排讓我們在該處設置廣播站。由於當時並沒有 Wifi 等設備，有關廣播訊號是用電話線傳送回廣播大廈。所以我們要向電話公司（大東電報局）申請一對電話線，安裝在我們的現場轉播站，待一切手續及設備辦妥後就等待時間播出。幸好當年所有電訊設備和港台電訊工程都由大東電報局負責，所以只要一個電話就可以安排妥當，並不用因文件來往而大費周章。有關外勤直播方面的技術，作為一個評述員我不便多講，以免遭人家說我班門弄斧，狂妄自大。

　　後來我在港台參與很多直播工作。以往香港流行歌廳，並由香港及台灣歌星演唱，港台每逢星期六晚都會轉播。在轉播歌廳節目期間有好多趣事發生，就此道出兩個，跟大家分享吧！

　　當年最有名的歌廳是旺角的東方歌廳，由台灣歌手如青山、姚蘇容、尤雅和香港歌手張露等知名歌星演唱。有一次轉播在旺角東方歌廳的節目，當時由著名司儀胡章釗先生擔任主持，當晚登台的歌星雷夢娜演唱到最後一句時，我大叫：「雷夢娜！」此時她忽然間倒在台上，當時我以為她突然暈倒，後來才知道，原來只是表演的一部份，但已把我嚇得呆了。另外有一次在旺角國際酒樓（即現在倫敦酒樓）直播，當晚由鄧麗君主唱，忽然她全身震顫，後來發現是因為當天下雨，麥克風線發生漏電所致，幸好當時只造成少許震蕩，沒有生命危險，乃不幸中之大幸。

| 在利舞臺轉播歌唱節目

還記得當年位於港島區，北角新都城酒樓夜總會由徐小鳳擔任台柱。灣仔環球戲院亦改為歌廳，由劉鳳萍主唱。當年有很多著名歌星，都是從這些地方演唱作為事業的起步。

3.5 初會周乃揚

這裏要開始講述與我下半生結下不解之緣的足球。

起初我連政府大球場也不懂怎樣去，後來有人教我先到油麻地坐船過灣仔，不要坐頭等，那人說我會見到很多人拿着足球報紙大談波經，我跟隨著他們走，便會去到大球場。當年從舊灣仔碼頭，行上大球場路徑與現在一樣，沿途街道當然沒現在這麼多高樓大廈。

當年香港電台的足球評述由葉觀楫和盧振喧兩位前輩負責，並深受球迷歡迎。盧氏因年紀漸大有意退休，時任中文台長周乃揚先生認為我

的聲音響亮，咬字清晰，又具備足球知識，所以提議讓我來試試，終於在兩位前輩悉心指導下，我便開始學習講波。他倆在每場比賽都讓我試講數分鐘，並從旁加以指點，在他們休息時我便擔任評述。

正當我開始獨當一面講波的時候，因葉氏實在太喜歡唱戲了，後來更加入當時港台的粵劇團「龍翔劇團」參與演出。當有他需要演出時就要我代替他評述賽事。當年港台轉播足球是皇牌節目，葉、盧兩位前輩亦是當年評述員中的表表者，所以港台不想失去這兩名台柱。當時台長，希望葉能夠減少粵劇上的演出，多放時間在講波方面，但葉當時醉心粵劇的程度達至癡迷，所以加以拒絕，最終葉由少量參與，直至後來更決定完全放棄講波。

此後我便順理成章，成為葉氏的替補者，從此和盧氏合作拍檔評述球賽。但盧亦因而替補無人，退休之念又要被迫推遲。最終他找來林尚義，並訓練他成為他的承繼者，這樣我和林便做成拍檔，並成為葉、盧他倆的後繼人，展開往後的講波生涯。

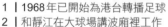

1 │ 1968年已開始為港台轉播足球
2 │ 和靜江在大球場講波廂裡工作

3.7　陳，吳慈善拳賽

這場由澳門商人何賢先生籌辦的慈善賽，由白鶴派陳克夫與太極拳吳公儀在擂台對賽。事源太極拳吳公儀師傅與記者訪談期間自詡「未逢敵手」，豈料此話一出，立即一石擊起千層浪，尤其以澳門白鶴拳陳克夫師傅反應最為激烈，及後雙方在報章上爆發一輪筆戰（實為罵戰）。最後既然筆墨說不清，那唯有用拳腳說話。由於香港當時不允許公開比武，國術界方面亦反對，但礙於雙方騎虎難下，最後由前澳門特別行政區行政長官何厚鏵之父親的何賢先生介入，由澳門康樂會籌辦這次比武，並在香港新光酒店正式簽下「生死狀」，所有門票收入將全數撥作慈善用途。

我有幸在現場報道這場拳賽，拳賽由麗的行家伍永森作為介紹人，在澳門新花園泳池上搭棚，比武當日座無虛席，觀眾多達逾 2 萬人，到場嘉賓有澳門總督史伯泰夫婦、賭王何鴻燊和馬萬祺，方艷芬、鄧碧雲、馬師曾、紅線女等粵劇名伶也有出席。

我記得當時我正介紹賽事後，正在準備作現場評述時，開賽不久大會就宣布賽事和局。原來兩位宗師一開始便搏拳，兩三拳後就有人掛彩，拳證馬上叫停，大會主辦人何賢先生判斷這場拳賽和局收場，雖然這為時不足 5 分鐘的比武，賽果令人耐人尋味。但事隔至今有半個世紀，網上仍然不時有人拿這場比武來討論，對於當時社會更揪起一片武俠小說熱潮，梁羽生和金庸的作品亦由此而起，可見影響深遠。而事後製作特輯也邀請我來擔任旁白，各位可在網上找到該特輯片段。至於這場拳賽的確實日子，我已沒有太多印象，早前跟數名圈內朋友談起，最終得出結論是大約發生在 1967 年左右。

3.8　六七暴動

　　六七暴動期間，我被派到新聞組擔任採訪記者，每日須背着錄音機到事發現場採訪，最難忘的當然是「林彬事件」。當時電台的新聞內容，都由政府新聞處提供，所以兩個電台都播出同一消息。港台由鄭鏡彬負責報道，商台則由林彬負責，可能林彬在報道時加上個人意見，常常嚴屬指罵參加暴動者，因而引致殺身之禍。

　　暴動後期港府對參與暴動者進行大拘捕，對被視為暴動大本營的北角華豐大廈進行陸、空大搜捕。當日上午電台接到警方通知，要派記者到此地採訪，我便接到公司指令趕到現場。事發地點，就是現今英皇道近炮台山地鐵站附近，我向警方報到後，各記者齊集一起，跟隨警察向北角電車總站旁的華豐大廈方向推進。到達現場後，眼看天空有直升機盤旋，英軍和警察均進入大廈進行大搜查，在大廈裡帶出很多聽聞是宗親會和同鄉會的人士。他們全部排隊坐在地下，等待警車載走。我亦首次看到這大規模的搜捕行動，對於這類行動拘捕人數之多，至今仍歷歷在目。最後等待指示收隊後，我亦趕返電台交差。

3.9　何國棟（Jimmy Hawthorne）

　　1970 年發生一件足以影響我往後半生的事。當時英國 BBC 派攝製組來香港拍攝一輯有關香港經濟的紀錄片，要在香港找一個聯絡員，鄭鏡彬先生問我可不可以接受這個崗位，雖是義務工作但我一口答應。

該節目派來的導演叫何國棟（Jimmy Hawthorne），他後來成為廣播處長。當時我負責按照他的指示，找需要拍攝的地方，聯繫需要拍攝的人物，以及安排廠房等工序，拍攝當日需從旁協助直至拍攝完畢。印象最深刻的是有一次在西環三角碼頭進行拍攝，該處環境複雜，尤其當他們看到是外國人拍攝的話，會帶來一些不必要的麻煩。幸好當時我已在港台講波一段日子，導致認識我的人也不少，花費一翻唇舌才可拍攝成功。何國棟先生返回英國後發來致謝信件，信裏表示對港台今次協助拍攝奉上衷心感謝，並特別對我表示讚揚，因此亦對我往後考入港台有極大幫助。

3.10 正式成為公務員

在港台工作一段時間後，我仍然維持日間在港台上班，晚上回到李基紀念醫局繼續當值夜班，這段日子工作十分艱苦。我一直都想找機會進入港台轉為全職，但由於學歷所限，再加上當時在港台的直屬上司全都是華人，他們大都是安於現況。雖然我經常幫助他們，但他們就從不想過辦法幫我轉職，跟以往與洋人上司共事是天淵之別，這就是中國人的劣根性吧。

直至 1971 年，機會終於來了！當時港台增設電視部，並由英國特派一位官員來港負責組班工作。派來的正是何國棟先生，加上協助他籌備組班的是鄭鏡彬先生。當我得知此事後便立刻找鄭鏡彬看看能否幫上忙，後來得鄭氏的幫忙下終於見到何國棟先生。我向他表明來意，他聽後馬上答應我的請求，由他提名我去報名申請。今次得到他的首肯理由是雖然我學歷不高，但可以憑過往在港台工作的經驗去彌補。這個

亦是政府認同,以工作資歷等同學歷的方法。

可惜報名後傳來壞消息,政府公務員的負責部門以我在醫務署職級和我所報考港台職級相差太大為由拒絕我的申請。但對方亦提供辦法,就是要我先辭去在醫務署的工作,待1個月後才再報名投考。我權衡利害之後,唯有冒險先辭去醫務署職位,然後再去報名申請。

但報名後才發覺要投考電視台,考試內容一定離不開電視製作。我對拍攝技巧等常識根本是零,當時急於加強這方面的認識,終於我想到請求當年在邵氏擔任武術指導的唐佳先生(演員雪妮的丈夫),他跟我的母親是親戚,所以從小我們便認識。在他安排下我進入拍攝現場觀察及學習有關拍攝技巧,加上何國棟的提點,最終得以被取錄,但只列在後補名單。後來因有一名取錄者退出,終於我便得以補上,正式成為香港電台全職員工。更幸運的是進入港台電視部後,成為助理節目主任,上班後被調派到當年《獅子山下》電視劇組,跟隨黃華麒先生擔任副導演一職。

| 1972年在香港電台直播室

第四章

獅子山下

4.1 《獅子山下》

在港台成為正式員工後，我獲派跟隨黃華麒先生開拍電視寫實連續劇，便是往後家傳戶曉的《獅子山下》。此劇以寫實型式拍攝製作，以橫頭磡徙置區 24 座一個家庭為中心，反映當年社會的實況。拍攝初期是採用黑白 8 米厘菲林拍攝，然後再複印至錄影帶才播映出街，到後期才轉為彩色影片播放。

當年《獅子山下》幕後班底是黃華麒擔任導演（全權負責），另外有 3 個副導演分別擔任不同職能，大概劃分為劇務、助理拍攝和劇本審視等工序。我負責劇務一職，主要工作是尋找演員、拍攝地方和提供道具等。參與拍攝的基本演員陣容有資深演員良鳴（德叔）、馮瑞珍（德嬸）、曾江、黃淑儀、陳嘉儀、陳美琪、葛劍青（長腿姐姐）、胡君孟、劉一帆、區偉林和龍寶鈿。另外亦按每集需要加入其它演員，我負責按照導演要求，聯絡所需演員。

當年聯絡演員是一個大難題，由於當年大部份電影演員都已退休，如要他們復出的話，唉！確實談何容易！況且三軍未動，糧草先行。因為當時演員人工較低，日薪只有 300 元，又不是拍完後立即發薪，而是先簽署「糧單申請」，然後再交到會計部，往往要 1 個月後才收到款項，所以在尋找演員時遇上很大困難。最終在會計部同意下，我們可以預先取一筆現金，讓演員在拍完後立即發薪，最後我們才向會計部補辦手續。這樣我才可以開始著手找演員，記得當年我邀請陶三姑參演時，她對我說：「何生，為了拍你的劇集，我年紀大，人工少，又不是立即發薪，2 個月後又要到會計部領薪，手續太複雜了。」幸好我的大哥是粵劇和電影演員，有基本人脈，在他幫忙協助之下找到石堅、陳立品、西

瓜刨、劉一帆、余慕蓮、張瑛、陶三姑和徐小明等參與演出。

談到徐小明，記得有一集是講述青少年問題，劇名是《父親的西裝》，導演指明必需由徐小明主演。但當時小明已退出影圈，專心讀書。後來通過我的太太和小明姐姐的關係，他才勉為其難答應演出。他和張瑛在劇裏有很多對手戲，其中有一場戲是講述他被人家尋仇，並有打鬥場面，而拍攝期間我邀請到「邵氏」的唐佳先生擔任武術指導。後來徐小明接受報章訪問時都有提及此事，他笑說，之所以能夠進入電視圈，都是由我邀請他拍《獅子山下》而起。另一次印象深刻的是邀請石堅叔復出，由我的大哥親自陪我到他的家中拜訪，我倆拜訪多次後，石堅叔才答應演出。

接着我便要尋找拍攝地點，在尋找過程上所面對的困難在要向人租借房屋拍攝，無論是私人住宅或政府辦公室，有時真要賭賭運氣。

在拍攝此劇地點時，由於故事以德叔家庭為中心，並以徙置區作背景，此劇須反映當時社會環境。當時在電台一廠以當年徙置區模式，搭建一個廠景，作屋內拍攝。由於

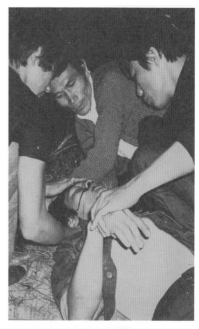

1 | 拍攝《獅子山下》「父子情」一集打鬥場面時徐小明受傷，我從旁協助急救。

2 | 《獅子山下》主角德叔之全家福，由左至右：（上）歐偉林、黃淑儀、曾江、陳美琪，（下）馮瑞珍、胡孟君、良鳴

1 ｜在香港電台一廠搭建的德叔家庭佈景，筆者與眾演員及攝製組合照
2 ｜《獅子山下》劇務會議
3 ｜《獅子山下》灣仔外景

1	2
3	4

　　劇中人德叔的職業是「寫信佬」，住在橫頭磡徙置區24座一個單位，同時在地下擺檔謀生。我當年往房屋署提出要求幫忙，於是在橫頭磡徙置區24座地下找到一個商店旁邊，作為劇中人德叔擺檔的地方。當時每逢拍雨景時就借用市政局的洗街車噴水，營造下雨效果。幸好當年我的大哥在市政局工作，在他幫助之下辦事也方便得多。

　　黃華麒拍攝時非常認真，有一次在南灣拍攝日出，他竟在南灣等了兩日一夜！所以當時他要在廠景拍攝下雨的鏡頭，拍攝時要見到窗外落

雨，我想盡辦法在鐵管上鑽孔，並打橫放置窗框上，到拍攝下雨時除了雨水，窗框亦有水柱流落窗面，做成真實的下雨效果。

兩年後黃華麒退出港台，由張敏儀接手擔任《獅子山下》導演。張氏上任後大幅改變製作方式，她不再執導，每集改為邀請外面有名氣的導演執導。另外，最初《獅子山下》的主題曲旋律是廣東音樂《步步高》，及後張敏儀把節目革新，邀請黃霑及顧嘉煇編寫主題曲，並找羅文獻唱，自此這曲成為家傳戶曉的經典流行曲。

當時《獅子山下》的片尾片段以卡通漫畫描繪的方式，顯示出包括小弟在內的所有幕後工作人員，各人形態非常神似，全部乃出自已故著名漫畫家王司馬之手筆。此君當年非常出名，與《老夫子》作者王澤等人齊名。當年他仗義為我們繪畫分毫不收，如今我們只能在互聯網上才可重溫。

張敏儀上場後，表面來看我的工作壓力大大減少，但實際上亦直接令我的職位成為可有可無。加上當時我仍要在電台評述球賽，更令張對我不滿。在工作量逐漸減少之下，我被委派開拍名為《切割》的紀錄片。此片專門介紹 8 米厘影片拍攝，每集亦介紹影片導演和影片播放製作，所以在這段期間，認識很多 8 米厘拍攝者，有些更是後來的著名導演。由於影片是 8 米厘，所以要先將它複印成 16 米厘，再改成錄影帶才可以拍攝成電視畫面。另外當年在主持人選角問題上，我和張敏儀產生不同意見，我想找葛劍菁或當時話劇組的韋以莊。她則堅持揀選後來成為《信報》老闆娘的駱友梅，最終後者成為主持。因為駱友梅本身事務繁忙，節目開始前沒時間對稿，所以每次在錄影時都多次「NG」，製作往往超時，並產生不少麻煩。最終節目徹底失敗，在 10 集後宣布結束。我當時無所事事，正值為前途發愁之際，電台突然傳來一個好消息……

香港電台人事大調動
倫兆銘晉升台長
何鑑江返播音組

最近在瑞士巴塞爾舉行之歐洲鐘表珠寶展覽會，展出一系列一九七六年度最新欵之美度手表，而最令人矚目。

（電視消息）香港電台在六月份，將會有人事變動，該台最高級監製倫兆銘，將會被調升爲香港電台電視組台長，「獅子山下」監製的張敏儀，則調升爲高級監製，全權處理在六月份該台的多個新節目。

同時，在港台電視組「獅子山下」負責節目總務的何鑑江，在六月，可能會被調出電視組，重派回廣播的話劇播音組去。

星期六

《切割》表現未如理想
港台要《飛》何鑑江

來自一項可靠的消息透露：港台電視部實驗電影「切割」節目的編導人何鑑江，短期內將可能會被「炒魷魚」。

何鑑江將會脫離港台電視部，重返電台工作。

有關於何鑑江因何會被遣返電台工作？未見有詳細的消息透露，但却側聞是與他在電視組未有突出表現有關。

何鑑江自港台電視組開拍「獅子山下」節目之後，即由電台轉到電視組工作，經過三年多來的努力，卒之讓他爭取到親自執導節目的機會。專介紹實驗電影的「切割」節目由他負責製作，雖然有一定的觀衆收看，但輿論却是貶多於褒，所以令到「切割」節目不能作長時間播映。

港台電視部在這一個時間將何鑑江調返電台那一邊工作，似乎有點不合時宜，因爲港台電視部與教育電視合併後，正需要大量的人手加入，最近並招考了多名實習編導，在青黃不接的時間，何鑑江對於港台電視部仍有一定的需求價值。

香港電台人事變遷幅度不小
播音組力爭下
何鑑江返老巢

香港電台廣播組及電視組有人事變遷，昨招待記者作介紹。

香港電台中英文台台長，由韋秉純履新，（韋氏較早前在英國BBC廣播電視台担任要職，最近由英國政府派遣來港），中文台副台長陳惠民，電視組台長高德樂，「獅子山下」監製張敏儀，均有出席招待會。

新任港台中英文台台長韋秉純，初會報界，他在席間透露，在最近市場調查中發現港台在體育節目方面有加強必要，經電視組台長高德樂同意，何鑑江將重返中文台，主持多個體育節目，包括：體壇摘錄，世運預測及奧運成績報導，同時並主持與漁農處合辦的「農民一週」。何君除主持上述節目及担任足球評述工作外，今後港台各大型現場轉播節目，亦均由何鑑江負責。

韋氏又透露：在不久的將來，香港電台爲加強電視及播音節目的製作，實行電視組與廣播組人員合併，換言之，廣播組人員的調動沒有組別的界限。

何鑑江將脫離
獅子山下節目

（新星消息）昨日一項消息傳出，港台電視部編導何鑑江將於下月開始，脫離「獅子山下」之製作組，更可能的會離離電視部。

消息傳出稱：何鑑江之被調職，將會是調任專職負責對外聯絡之工作，其工作範疇將不只是電視部，而是担任港台電視或播音節目之聯絡工作。

何鑑江目前是在港台電視部担任「實驗電影切割」節目之編導，及「獅子山下」節目之副導演，並任港台足球節目之評述員。

新星

何鑑江將離獅子山下

H.K. PICTORIAL NEWS　一九七六年五月廿七

何鑑江盧自強先後離巢
港台「獅子山下」
再度面臨導演荒

何鑑江調回中文台

SISTERS DAILY　星期六　十二日

港台電視部請客
何鑑江又食魷魚
短期內會調返電台工作

「實驗電影切割」停止播映
編導何鑑江突被調播音組

何鑑江將被調返電台工作

4.2　回歸電台

　　正當我在電視節目部失意時，在電台方面，由英國派來的新廣播處處長暨電台台長韋秉純則主張大力發展體育節目，所以把我調回電台協助發展。經過與電視部商討後，決定將我由電視節目部調回電台主持體育節目，並升為節目主任。終於離開工作近 5 年的《獅子山下》劇組，重返電台部。當年港台向報界宣布我被調回電台部的記者招待會上，可謂「大陣仗」，廣播處長、電台台長、中文台台長和電視部台長全部出席，聲勢可算是一時無兩。

　　上任後，我立即籌備大型體育節目《活力五線譜》，內容包括音樂和體育，並直播各項體育賽事，包括籃球、排球和單車等，更出外採訪報道亞運會等大型運動盛會。同時邀請體育健兒例如羽毛球代表隊成員

1976 年宣布本人回歸電台

陳念慈、保齡球好手車菊紅、單車代表隊成員洪松蔭和籃球代表隊成員劉勇等人助陣；音樂方面則由關正傑負責主持。此外亦有梁國滔、梁麗芬、何靜江等年輕 DJ 主持協助，節目時間是逢星期一至五，每晚 8 時至 10 時。節目播出後，當年港台在此段時間之收聽率持續高企。

當我重返體育組後，在現場轉播足球和在香港直播足球賽事的模式也有所不同。首先我們要和當地電台聯繫，要求在球場代為安排一個轉播位置。之後再向大東電報局申請一對長途電話線，接駁到指定球場轉播點。當年港台只有我一人在外國首次作海外直播，我帶備一個通話器和一個有播出功能的錄音機。到埗後會在比賽前一天或當天早上跟香港同事約定，並配合香港通話時間進行測試，完成後便等到播出時間，開賽前兩小時再進行多一次試播，如沒問題的話，到開賽前再和港台約定開聲（開賽）時間和交回港台的辦法。如用講話模式就直接說：「現在交返畀香港」。但香港交回就比較麻煩，因為在當地往往收聽不到港台播出的聲音，所以多數用時間決定交接。幸好該次轉播一切順利，所以往後每逢到外面直播時都充滿信心。除了足球比賽，往後我們更擴大目標，籃球、排球和單車等賽事都進行戶外直播。

1 | 第一台洋紫荊大行動節目
2 | 電台活力五線譜工作人員及嘉賓主持合照
　　由左至右：何靜江、李德能、劉勇、李永光、陳念慈、車菊紅和筆者

1 | 1973年首次跟隨香港足球代表隊到韓國釜山直播世界盃外圍賽韓國對香港。

2 | 1983年哈林鬼馬籃球隊主辦單位邀請我擔任粵語司儀和評述

港台嶄新體育節目 活力五線譜 本月十八日晚首播

香港電台十八起 增加體育新節目 活力五線譜體育富多采

港台嶄新體育節目 活力五線譜 18號晚首播

活力五線譜 生活百合匙

第五章

我在電視台的日子

5.1　TVB 時期

　　1970 年代的香港電台除了直播足球比賽，亦曾直播香港籃球賽事，任何體育項目我亦有份參與。當年無綫電視（TVB）由於人手問題，所以向港台要求派我到該台擔任足球評述員，當時我只屬合約職員，並非正式公務員，所以只要不抵觸港台工作，我便可到 TVB 工作，我的電視台生涯亦由此展開。

　　當時 TVB 只從英國購入錄播足球節目，每個星期英國球賽完畢後，當地電視台便即時空運該周賽事的錄影帶來港，TVB 收到後才錄影播出，節目名稱好像是《英國足球大賽》，當時我只對着電視機評述。當年資訊落後，要知道英國足球消息，唯一就是從英國和馬來亞的足球雜誌取經，如《SHOOT》、《World Soccer》等，在香港可以買到這些雜誌的地方是尖沙嘴碼頭的書報攤和辰衝書店，逢星期三出版。同時有一本名為《樂富門年鑑》的書刊紀錄英國足球隊和球員的一切資料，包括球員出賽次數等詳細資料。我一直 TVB 擔任足球評述員，只有 1986 年時為麗的電視轉播的英國足總盃擔任評述，直至 1994 年我去了中國大陸發展後，才停止評述英國足球。

| 1974 年首次現場直播世界盃，當時的拍檔是蘇文普。

我在 TVB 的第 2 項工作是「報幕員」（後來蕭亮先生擔任此職成名），當年我負責逢星期一至三的報幕工作，其餘日子則由梁天先生擔任。報幕的最大難處是要在指定時間內將廣告講稿讀完。

任職港台期間以評述員身份躋身 TVB 吸取經驗，對我往後的事業有很大裨益。有關在 TVB 所遇上的事，容後細表。

到了 1974 年，TVB 首次直播在西德舉行的世界盃決賽周，也是香港電視歷史上首次直播世界盃。當時還是黑白電視年代，對我來講當然亦是第一次。蘇文普和我擔任主持，老一輩球迷都記得當年的決賽西德對荷蘭，是兩個當代球皇告魯夫和碧根鮑華較技，荷蘭首創的全攻守足球也正式踏足國際舞台。

5.2 澳門格蘭披治大賽車

1975 年發生 3 件難忘事件。第 1 件事是我有幸獲 TVB 邀請出任澳門格蘭披治大賽車的現場報導員，負責起點和終點採訪報道，豈料第二場賽事就發生事故。賽事結束後我第一時間衝出去想訪問冠軍選手時，竟被駐守現場的葡兵拘捕！原因是賽道還沒開放給記者採訪，現場的 TVB 工作人員立即上前和葡兵爭論，當時雙方粗口滿天飛，觀眾在電視上全程看到，導致全港報章在翌日大肆報道。最終我被困在扣留所扣留達7 小時，被捕時有一位華籍警員對我說：「何生，對不起！是你走霉運了，今日由葡兵當值，否則你不會被拘捕。」最後 TVB 高層何家聯和韋基舜到警局擔保我，澳門司警要我簽下協議書，保証以後不會再犯才獲釋放。

國際小型車大賽 何鑑江擔任評述

各車亦在行駛中的精彩鏡頭

螢幕上出現三字經
評述員被毆兼被拉
無綫續播賽車發生不愉快事件

何鑑江賽歇與發生後生氣

何鑑江一拉有着數論

何鑑江澳門講賽車
與有關人士生衝突
被拉上警車返署問話

翡翠台仍然直播
澳門大賽車高潮

澳門大賽車·事故何其多
何鑑江現場採訪
與葡警發生衝突
無綫轉播實況「粗口」清晰可聞

1975年代表無綫電視直播澳門大賽車

第2件事是當年麗的電視投得香港足球播映權,並向港台申請我到該台擔任評述員,此事亦得到港台批准。可是因為我長期為 TVB 擔任足球評述員,所以在道義上不能接受邀請。後因麗的電視高層和我的大哥是好朋友,加上 TVB 當時只播放英國足球,所以在我的大哥游說下,以及 TVB 的何家聯先生亦同意我到麗的電視評述香港足球賽事,因此轉投麗的電視,可惜後來弄至不歡而散,此乃屬後話。

第3件事乃新成立的「佳視」(佳藝電視)邀請我和韋基舜先生合作評述 NBA 籃球賽,可惜後來該台中途倒閉而結束。所以當年我曾在無綫、麗的(後來更名為亞視)和佳視三大免費電視台參與評述,算是一項後無來者的紀錄。

5.3　離開麗的，重投無綫

　　麗的電視和無綫電視在 1976 年共同投得英格蘭足總盃播映權，當時我在麗的評述香港足球賽事，以為順理成章兼任英格蘭足總盃評述，而且早在 1975 年中，各大報章已預先公告此事。豈料當麗的電視正式宣布評述人選時，我竟然榜上無名！當年的英格蘭足總盃差不多和世界盃擁有同樣地位，甚至足總盃的歷史比世界盃更久遠！

　　我當年是麗的一份子，如果沒被委任為英格蘭足總盃評述，是一件不可接受的事。我立即向麗的足球節目監製詢問原因，答案竟然是我和麗的電視所簽的合約列明只是負責評述香港足球賽事，麗的並無義務派我擔任英格蘭足總盃評述工作！原本這並不是大問題，但是當時麗的所請來負責評述英格蘭足總盃的是一位前球員，他全無評述經驗。我當時認為找一個這樣的人，反而不給我機會一定是另有原因。終於後來得知原來有人利用人事關係，而獲得錄用。

　　我再向麗的高層何掌邦及「King Sir」鍾景輝投訴，仍沒結果之下，於是決定打電話給 TVB 的何家聯，並向他談及此事。何家聯得知後立即對我說，當時無綫正擔心找不到合適人選擔任評述，所以隨即便邀請我回來。當年的拍檔何守信得知我回來後道：「你能夠回來就最好。」終於我重返 TVB 擔任英格蘭足總盃評述員。我想既然麗的表示我所簽的合約內容，既然只負責評述本地足球賽事的話，我返回 TVB 便不應有任何合約上的抵觸，於是答應何家聯返回 TVB，並和何守信一起擔任主持。豈料當麗的方面知道後，亦馬上終止我的本地足球評述員的合約，所以我便正式離開麗的重返 TVB。

夏曆乙卯　DAILY PICTORIAL　星期三　一九七五年八月二十日

麗的洽邀何鑑江加盟
足球映權顯智珠在握

麗的電視宣傳部在日前發表一篇抗議足總招標方式沒有原則性規定的消息後，昨日即行派出一位高級職員與何鑑江及林尚義洽談旁述足球事宜，在距離截標尚有三天的時間，麗的已經進行約唔足球旁述員，可見下年度之足球播映權，麗的早已智珠在握。

下年度足球播映權的截標日期距今雖然尚有三天，但麗的電視昨日已開始和在港台負責担任足球旁述的何鑑江及林尚義兩人聯絡，商談有關加盟事宜。

麗的以上之招標未揭曉即搵定旁述之行動，可見該台實際上已經獲得下季的足球播映權，而抗議「足總」亦只屬一種烟幕行動，如果不是的話，豈又會只聞一邊响，無綫卻又隻字不提呢！

同時，根據「足總」下年度足球比賽所訂下電視播映權投標辦法，其中一項規定：「對於任何方面的投標，「足總」有權予以全部或部份的接受，亦有權不予以全部或部份的接受，且無需解釋理由。」

以上之規定換句話說今次「足總」訂下之招標標準並非是出錢多便可以獲得播映權，而是「足總」喜歡將播映權給予那一家。既然這樣，麗的在未開標前經担定旁述者，反觀無綫在這方面仍未有絲毫動靜，將來播映權誰屬，乃不問可知。總之在本月廿二日麗的一定會公佈一個雙喜臨門的佳音來刺激一下無綫電視者。

雖然麗的當局是有意邀請何鑑江及林尚義爲該台担任節目旁述，惟何鑑江因是港台職員，當他上季爲無綫旁述足球時，港台已經下令禁止，所以如果今次他受不了麗的優厚新酬所吸引，便必須離開港台，反過來說麗的之條件若引不起他的興趣，該台便要另覓適當人選。

據一項消息透露：林尚義和何鑑江兩人因爲是足球旁述的好拍檔，他們兩人是共同進退者，如果何鑑江日後答允麗的邀請，林尚義亦隨之繼續効力麗的。

麗的有意邀請何鑑江担任足球旁述

麗的人事紛爭方興未艾
梁偉民大權旁落
何鑑江倒戈相向

（電視消息）鍾景輝及他的一羣愛將，進駐麗的之後，雖然爲這家電視公司泡製了萬人矚目的五月大攻勢，但無可否認，由於人事上的更趨複雜，該台各「派系」的勾心鬥角現象更爲明顯也更爲尖銳化。

可靠消息證實，麗的之「講波專家」何鑑江，已經跳槽無綫，接替蘇文普之職位，除了在轉播英國足總杯時與何守信合作外，日後專職負責每週一次的「足球節目」。因爲，蘇文普已決定完成「英國足總杯決賽」的告別作後，即舉家飛加拿大定居。

據稱，何鑑江之離去，是因爲在麗的已不再受到重用，地位爲林尚義與朱永強等取代所致。消息稱，何鑑江屬於「梁偉民派」，當日由梁偉民一手介紹他加盟麗的，但鍾景輝接手節目部之後，梁偉民已改任特別行政經理，不再參與節目部負責工作，足球之類節目，改由中文節目助理總監陳文光負責，所謂一朝天子一朝臣，何鑑江受到冷落，被無綫的何家聯乘機游說，終於蟬過別枝。

何鑑江唔撈麗的

同屬球評員豈能分彼此
何鑑光谷佳度氣
有意唔再撈麗的

【姊妹訊】香港電台電視部編導暨足球評述員的何鑑光，昨日向記者表示，他將曾放棄繼續爲麗的電視担任足球節目的評述工作。

據悉，何鑑光是因爲感到不受麗的電視尊重而想到要放棄爲麗的工作。

麗的電視的足球節目本來是由何鑑光與林尚義兩人負責担任評述的，但麗的電視似乎以林尚義爲主力，何鑑光祇不過是副手而已，以何鑑光在球評界的地位，他當然是不甘心屈居人下。據悉：何鑑光之所以曾考慮放棄爲麗的電視工作，那是因爲本星期日總督杯決賽精工對愉園一仗，麗的電視早已決定作現場實地直接轉播，但卻遲遲未有通知於他，似乎視他是局外人一樣。

何鑑光指出，他是在星期日的上午始獲得通知球賽直播，如果麗的電視尊重於他的話，早就應該事前通知他，好作準備。

何鑑光除了不滿此點外，他更不滿於麗的選播足球節目的作風，他指出往往球迷們認爲是大場波的，麗的卻偏不選播，反爲播映一些次要的賽事，令人失望。

據一項消息指出，何鑑光已有意重爲無綫效力，最近曾幾次見他與無綫外映主任何家聯接頭。

無綫足球節目評述員蘇文普已決定在完成英國足球杯決賽的評述工作後，即舉家移民加拿大，所以無綫急急覓人以填補蘇文普的位置。

何鑑光話唔撈麗的

29　晶報

何鑑江已離麗的入無綫
兩台宣傳部人事變動
歌唱比賽選出二十人

廣播道上

鑒於港台職員的何鑑江已和麗的正式結束了賓主關係。

據悉，陳文光把英國足總盃的評述工作交由林尚義等人去做，致使何鑑江不滿。無綫何家聯獲知此事，即找何鑑江商談，欲拉他過無綫。此事爲麗的知悉，即先發制人，停了何鑑江的職，連香港足球也不必他評述了，這麼一來，何鑑江就理所當然地到無綫去了。

何鑑江昨日表示，這件事他不放在心上，東家不打打西家吧了。

× ×

日前，麗的黃錫照宣佈五月一日起聘請余啓謀爲宣傳部副經理，專掌宣傳稿件的撰發及與報界的聯絡。昨日，無綫公關及宣傳經理唐基才亦宣佈，五月一日起聘駱友梅爲節目推廣經理，邱國材爲公關助理經理，協助公關經理賴敬初。唐氏並對林燕妮及余啓謀過去的工作表示讚賞。

何鑑光不被麗的尊重 有意蟬曳殘聲過別枝 蘇文普離職無綫覓何替代

何鑑江一怒離麗的 無辜捲入人事紛爭 曾江罷工一週連炒兩次快車

雖曾江鑑何離開麗的有內幕 白逾薦不獲重用

樹要皮人要面KK激氣

為無綫旁述足球分明剃眼眉 何鑑江的一怒炒佢魷魚

何鑑江將重回無綫 出任英國足球評述

波講唱的麗趣將江鑑何

述旁球足國英綫無重將江鑑何

5.4 　 經典一役，亞洲盃外圍賽：香港對北韓

　　還記得同年（1975 年）有一場難忘經典戰役，就是至今仍有很多人提起的亞洲盃外圍賽淘汰賽：香港對北韓。當時戰至 120 分鐘仍未分出勝負，到了互射 12 碼決勝階段，當時林尚義向主射最後一球的香港球員大叫：「保你大，你射入我叫你做老豆。」後來很多人都以為這句說話是我說的，其實我當時說的是另一句話：「如果你射入，我就準備搭飛機去伊朗。」由於事件距今逾 40 年，我也不太記得射失該球的人是誰，據靜江記憶應該是胡國雄，不過無論是誰射失也好，一切已是明日黃花。

5.5 　 76 年，香港國際龍舟邀請賽

　　香港在 1976 年首次舉行國際性龍舟比賽活動「國際龍舟邀請賽」，往後賽事於每年 6 月端午節後的星期六及星期日舉行，在此跟大家分享一下當年的所見所目和相關傳媒報道。

1976 年開始擔任國際龍舟大賽司儀

一年一度的國際龍舟邀請賽即將開鑼。每年，大家的目光焦點都不其然集中在海上水花四濺、萬槳齊飛的激烈賽事上，對幕後功臣可說是認識不多。但只要你聽到他的聲音，就一定知道他是誰。

何鑑江自一九七六年國際龍舟邀請賽首次舉辦時，已為比賽担任評述員。多年來，他的聲音不獨使觀眾更加瞭解海上的賽事，也為隊伍安排集合和講解規則，使比賽秩序井然。

這位國際龍舟邀請賽的老臣子笑說，雖然身為龍舟賽評述員，但實際評述的時間不多，因為除了在比賽沿途講述隊伍的位置外，其他有很多時間是用在召集隊伍，提醒比賽時間，講解比賽規則，和向觀眾介紹各參賽隊伍的資料和歷史，還在賽事空檔時間「執生」，以免出現悶場。

示，使合作更為順利。

他也指出，能夠隨機應變也是非常重要，例如見到賽事出現空檔，就應花點心思，介紹各隊資料、背景，或者是鳴謝嘉賓，甚至是「攪笑」，使場面不致沈悶。

這位以評述足球而為香港市民熟悉的何鑑江，卻認為評述龍舟比「講波」困難得多。他說，在足球場上，評述員可居高臨下，足球的來往交送看得清清楚楚，但在龍舟賽場就完全不是一回事了。

經驗與機智並重

那作為龍舟賽的評述員，又有甚麼條件呢？何鑑江表示，經驗是極為重要的。在萬槳齊飛的場面下，要分辨各隊次序極為困難，尤其是望遠鏡只能觀看局部賽事，不能總觀全局，所以必須以肉眼觀察；但各隊龍舟並排前進，因角度問題，有時極難分辨那一艘在先，那一艘在後，或者是那一艘已偏離水道。所以，何鑑江表示，其實他很多時都只是憑經驗判斷賽果，例如觀察那一艘龍舟最先發力，或留意那一艘是實力充足的大熱隊伍，甚至是憑辨認旗號旗色等。他笑說，在一些較難看到賽果的賽事中，他的判斷通常都有八九成準確。相信，這也是與他的豐富經驗有關了。

不過，何鑑江強調他有一個好拍檔Roger，這位外籍評述員本已和他熟悉，在評述賽事時互相幫忙和提

國際龍舟邀請賽評述員何鑑江

一年一度的國際龍舟邀請賽即將開鑼。每年，大家的目光焦點都不其然集中在海上水花四濺、萬槳齊飛的激烈賽事上，對幕後功臣可說是認識不多。但只要你聽到他的聲音，就一定知道他是誰。

何鑑江自一九七六年國際龍舟邀請賽首次舉辦時，已為比賽担任評述員。多年來，他的聲音不獨使觀眾更加瞭解海上的賽事，也為隊伍安排集合和講解規則，使比賽秩序井然。

這位國際龍舟邀請賽的老臣子笑說，雖然身為龍舟賽評述員，但實際評述的時間不多，因為除了在比賽沿途講述隊伍的位置外，其他有很多時間是用在召集隊伍，提醒比賽時間，講解比賽規則，和向觀眾介紹各參賽隊伍的資料和歷史，還在賽事空檔時間「執生」，以免出現悶場。

經驗與機智並重

那作為龍舟賽的評述員，又有甚麼條件呢？何鑑江表示，經驗是極為重要的。在萬槳齊飛的場面下，要分辨各隊次序極為困難，尤其是望遠鏡只能觀看局部賽事，不能總觀全局，所以必須以肉眼觀察；但各隊龍舟並排進，因角度問題，有時極難分辨那一艘在先，那一艘在後，或者是那一艘已偏離水道。所以，何鑑江表示，其實他很多時都只是憑經驗判斷賽果，例如觀察那一艘龍舟最先發力，或留意那一艘是實力充足的大熱隊伍，甚至是憑辨認旗號旗色等。他笑說，在一些較難看到賽果的賽事中，他的判斷通常都有八九成準確。相信，這也是與他的豐富經驗有關了。

不過，何鑑江強調他有一個好拍檔Roger，這位外籍評述員本已和他熟悉，在評述賽事時互相幫忙和提

示，使合作更為順利。

他也指出，能夠隨機應變也是非常重要，例如見到賽事出現空檔，就應花點心思，介紹各隊資料、背景，或者是鳴謝嘉賓，甚至是「攪笑」，使場面不致沈悶。

這位以評述足球而為香港市民熟悉的何鑑江，卻認為評述龍舟比「講波」困難得多。他說，在足球場上，評述員可居高臨下，足球的來往交送看得清清楚楚，但在龍舟賽場就完全不是一回事了。

香港宜辦國際賽

參予國際龍舟邀請賽的工作多年，何鑑江表示最怕的是滂沱大雨的天氣，因為對視線和場面氣氛影響極大。不幸端陽時節正適逢雨季，看來每年的比賽還要看天公是否造美。

何鑑江也指出，憑着多年參予其他地區龍舟的經驗，香港國際龍舟邀請賽可說是最少爭執和最嚴明的賽事。除了初年還有一些隊伍發生過衝突外，多年來未見有任何不愉快事件。他說，龍舟賽是一項容易發生衝突的運動，在一些地區賽事中，打架是常見的事。中國內地的一些賽事，更出現因爭船樁而把賽事延誤七個小時的情形。何鑑江說，香港能夠有如此優越的表現，主要是因為各崗位的工作人員都能夠嚴明處理，而且上屆委員會更是絕對獨立，不容有任何外來的干預而救發生不公平事件，所以，國際龍舟邀請賽也不會出現因發生爭執而在嘉賓面前互相持牌追逐，怒氣沖天的場面。

對舉辦了十多年的國際龍舟邀請賽，何鑑江評價極高，他認為在世界各地，能夠舉辦一個既有中國節日氣氛，又有國際參與的活動，香港是最適合的地方。其他的華人地區，很難有如此盛大而且是國際性的活動。這個活動也能促進香港的旅遊業，所以是十分值得支持的。

5.6　77年，世界盃亞洲區外圍賽：新加坡戰役

　　1977 年的最矚目盛事當然是在新加坡直播世界盃亞州區外圍賽分組賽，該屆香港的同組球隊有印尼、新加坡、泰國和馬來西亞，5 隊爭奪 1 個出線席位。

　　當時我向港台申請轉播這一組外圍賽賽事，可惜最初遭拒絕。之後我為了能夠讓球迷收聽這一組賽事，於是向港台高層分析說，當時同組球隊實力以印尼為首，其它四隊論實力只算並列第 3 位，所以只要首仗擊敗印尼，港隊便大有機會出線。所以我再向港台方面提出先轉播作客印尼那場賽事，然後再決定是否直播其他比賽，最後獲得港台答應。

　　我曾經說過當年並沒什麼網絡設備，在外地轉播一定要用長途電話線作越洋直播，但後來發現可以利用當年的新科技「人造衛星」，因此港台便成為第一個用人造衛星轉播球賽的電台，當時深受廣大球迷歡迎。

　　當年我單人匹馬到新加坡，辦理記者證並向球場租借廣播室後，即時安裝設備，再和香港大東電報局聯繫，並完成測試訊號才算辦理完畢，然後靜待大戰上演。最後該仗香港隊竟然大勝印尼，取得首場勝利，當晚高興完畢，回酒店預備第二日返港。但當回到酒店取鑰匙的時候收到港台通知，因該場轉播後引起香港球迷強大的迴響，球迷向港台提出轉播餘下賽事，因此港台決定叫我留在新加坡，並申請轉播餘下比賽事宜。其後港隊過關斬將，進入最後決勝階段的最後一仗對新加坡。

　　該場比賽 TVB 亦進行衛星直播，當時 TVB 邀請我出任現場評述，但我是港台職員當然要以電台為先，最後 TVB 方面提出一項要求，就是

完場後，即時以 TVB 主播身份落球場訪問球員。當時轉播期間有很多其它國家的行家在現場報道，他們看到我像「傻佬」般的連續評述 105 分鐘後，即時換衫跑去做專訪，他們均覺得非常奇怪。當香港隊取勝後，我即時為港台進行完場後的簡短賽後評述，便馬不停蹄換上 TVB 制服，奔跑落球場捉着港隊教練包勤、領隊盧志中、球員鍾楚維、劉榮業和郭家明等進行訪問。此舉成為我從事評述員以來的經典歷史事件，我相信此舉是前無古人，後無來者。

回到香港，一踏進辦公室，第一眼看到的是一封警告信，乃由我當時的頂頭上級所發，要對我在未經港台批准下為他台服務作出警告。我認為其實只是私人恩怨作祟。於是我馬上向 TVB 方面報告情況，TVB

1｜賽後當場代表 TVB 訪問香港足球代表隊，右：劉榮業、鍾楚維、領隊盧志忠、教練包勤。

2｜1977 年取得世界杯亞洲區分組冠軍後往澳洲比賽，由右至左，黎新祥、軍醫梁仲偉、我和劉榮業

3｜香港足球代表隊被邀請往新加坡總統府出席晚讌。

4｜1977 年馬來亞國際單車錦標賽

| 1 | 2 |
| 3 | 4 |

立即作出反應，並提出兩個解決方案：一是直接是轉投 TVB，二是由 TVB 出面向港台解釋。

我選擇了第 2 個方案，經商量後由 TVB 的何家聯去信港台台長解釋，解釋理由有二：因事出突然來不及向港台方面申請、港台是政府機構，有義務向私營電視台提出協助。我當時乃不二人選，同時亦向港台方面道歉，保證下不為例。

最後我連同何家聯的親函，親自跟時任港台台長韋秉純先生會面。向他分析後，他認為當時理由合乎情理，不只不作追究，更成為日後 TVB 找我幫助的案例，也令向我發出警告信那人，顏面盡失。

一九七七年三月十五日 星期二

所耗幾無却大為球迷讚揚
港台衞星旁述足球
四日用去二千大元

旁述世界盃足球大功告成
何鑑江唔想同人追
昨日急急脚鬆返港

勝KK後民志陳兵行

暢返星中的江鑑何

民志陳與婦夫江鑑何

香港足球隊揚威異地
何鑑江昨歸來報喜訊

無綫今派藝員以熱情迎接隊員

會記記出江鑑何

何播民惠奧員台香港
婦夫江鑑

惠民合影·何鑑江返港，奧港台台長陳

何鑑江為港球隊員說好話

評述員何鑑江自星歸來稱
港隊隊員生活嚴謹
每位僅獲獎金一萬

所見所聞　冰冰

何鑑江喜失假期

第六章

北京國際足球邀請賽

　　1977 年中國再次出現巨變，隨着「四人幫」下台，鄧小平宣布第 3 次復出政壇。香港足總在該年 7 月獲邀派香港足球代表隊往北京，參加由中國國家體育總局（簡稱中央體委）主辦的首屆「國際足球友好邀請賽」（後來改名為長城杯邀請賽）。當時足總除了派隊參賽，同時組織一個足球界觀光團前往打氣，受邀者包括各大傳媒記者、足總執委、各間球會代表及退役球員等等。

　　當年我有幸獲邀參與，「觀光打氣團」首站是上海，參觀團先在上海步行街的七重天遊覽，當年浦東還未開發，外灘還是破破舊舊。但這是我第一次從外灘坐船遊，觀賞黃浦江夜景。有一晚觀光團獲安排觀看文藝表演，表演期間司儀突然宣布暫停，並請各人到劇院門口外，觀看鄧小平復出的遊行隊伍。當時看見現場一片掌聲和歡呼聲，街上花鼓舞、秧歌舞和炮竹聲充斥現場，氣氛熱鬧非常。

　　翌日觀光打氣團遊覽杭州，除了參觀絲綢廠，遊西湖當然也不能少。那時才知道什麼是三壇印月，並在雷鋒塔上聽導遊講解該塔的故事。還記得當我參觀絲綢廠時，我貪喝了一口酒，豈知在遊西湖時竟然支持不住睡着了，如今回想也覺失禮！

　　及後觀光打氣團到了北京參觀故宮，並在所住的北京飯店首次品嚐到馳名的酸奶，原來是用一個細小瓦盅作為容器，並每天限量發售，導致很多團友都一早到餐廳品嚐。當我們參觀故宮和頤和園的時候，才知

道中國的建築物原來是這麼宏偉！另外還有參觀天壇、回聲谷，這些中國宏偉建築物都一一盡在眼前。最後我們登上舉世聞名的萬里長城，在城上做個好漢！可惜當年長城仍破舊，還未修葺成旅遊區，適逢當天下雨，路面濕滑，真心是一步一驚心，但為了做好漢也是值得！

說回該屆賽事，賽制由4隊以淘汰賽形式角逐，如首輪取勝就進入決賽，落敗則參與季軍戰，賽事分別安排在北京工人球場和先農壇球場上演。香港足球代表隊先對中國國家隊，中國青年隊則對朝鮮大同江隊。

1 ｜攝於杭州西湖
2 ｜初登長城做好漢
3 ｜與眾球員攝於西湖船上
4 ｜與足總全體職員攝於杭州仿膳飯莊

在 7 月 30 日比賽當晚，我們的觀光團獲安排觀賞香港隊對中國隊一戰。豈料距離開賽尚有幾分鐘前，賽會突然宣布鄧小平到來觀賽，當時球隊一片歡呼，並全體站起來等待鄧小平進場，希望能夠目睹他的風采。當晚原來是鄧小平第 3 次復出後首度公開露面，沒想到他竟選擇在這個場合公開亮相。我當然從未見過他，於是專心看球場主席台附近，看看能否目睹他的風采。當時我只看到主席台前，有很多人圍着一個人伴行並上主席台，心想那人一定是鄧小平，但總是看不清那人容貌，因為實在太多人圍着他，所到之處四周掌聲雷動，觀眾們呼喊跳躍。我亦被這些人擋住視線，幸好當等他們坐下來後，才隱約看見他的樣貌。

比賽時間到，但尚未見到開球，只有大會不停宣布很多事項，但我們又聽不懂內容，唯有一直乾等。但另一邊廂中國青年隊和朝鮮隊已經開賽了一段時間，我忽發奇想並其它團友說，中國這次舉辦賽事，決賽當然不想由國家隊對自己的小弟啦，當然是希望國家隊或青年隊，在決賽對一隊邀請隊，所以這場國家隊對香港延遲開賽，可以等候另一場結果（這個就是我在球圈上，無法取得成功的原因），此語一出，立即被一名「擦鞋友」大聲反撲，我亦不再爭辯。

結果季軍戰是香港隊對中國青年軍，中國國家隊則與朝鮮隊爭奪冠軍。朝鮮隊在決賽引發很多抗議場面，甚至要求停止比賽。球証方面要等候大會指示，才可作出決定。後來在閒談時由中國隊球員口中得知，原來當年朝鮮隊常常到中國比賽，但每次都必須取勝而回。比如說若安排踢兩場賽事，結果全輸的話，他們便要求打第 3 場；如果仍然是輸，就要多打一場，總之一定要贏回一場才罷休回國。（當年賽果我已不太記得，可能要從足總紀念冊內查考）

後來我們又去北京明十三陵參觀，在現場眼看道路兩旁都是巨型神獸石像，陵墓門用木所做成，但重量驚人，堅固程度就像以往電影描述一樣，槍炮不入。進內參觀後感覺暗森寒氣迫人，到了陵殿最低層，滿佈石棺，比起以往看過的印度泰基陵宏偉得多。到了最後一晚行程，大會招待全體團員，在人民大會堂設下晚讌，因此我亦有幸踏進人民大會堂。會堂的偉大建設，真是非筆墨所能形容。

| 1 | 2 | 3 |

1｜與球員在明十三陵合照
2｜攝於北京工人體育場
3｜7月30日與代表團觀看中國對香港賽事。

1｜與球員攝於定陵博物館
2｜在人民大會堂留影
3｜攝於陵墓前
4｜代表團在人民大會堂晚膳

第七章

首屆香港足球明星選舉

　　港台在 1975 年首次舉辦每月最佳球員選舉，由體育記者、球員和港台聽眾選出，每月在球賽中場休息時，邀請球圈知名人士在球場頒獎。

　　1977 年誕生了另一樁足球圈盛事，就是第一屆最佳球員及足球先生選舉，選舉延續至今。當香港隊凱旋回港後，我和由盧德權、羅桂生、鍾楚維和尹志強等組成的「香港華人足球聯誼會」（後稱球員會）商量，既然港台和球員會合辦的每月最佳球員選舉廣受球員和球迷歡迎，因此我建議擴大範圍，舉辦每季一次的全港最佳球員十一人和一位足球先生，獲得大家同意後就馬上進行。萬事俱備，但事事俱財，霎時間很難找到贊助。因為時間倉卒，我們決定第一屆選舉簡單進行。由於當年足總拒絕合辦，所以由港台負責主辦。

　　選舉方法是由球員各自互選後，選票分數比例佔一半，體育記者佔三份一，最後三份一分數由球迷投票決定，由梁能仁奪得首屆足球先

1 ｜足球明星選舉（每月最佳球員）
2-4 ｜足球明星選舉（每月最佳球員）得獎球員

1	2
3	4

生，香港電台主持共辦了 11 屆最佳十一人及足球先生選舉。每一屆選舉最困難是尋找贊助商，幸好得到球員會和本人努力下，每屆選舉都獲得生力啤、藍妹啤、青島啤和幾大補品代理公司或私人贊助。

我們在每屆選舉均邀請時任足總會長霍英東親臨頒獎，港台方面則由上至廣播處長、下至港台台長都會出席。直至第八屆選舉有香港足球總會的加入，並由生力啤贊助，在紅磡體育館舉行頒獎；選舉到

1-3 | 第一屆香港足球明星選舉相片
4　| 足球明星選舉（每月最佳球員）得獎球員

第九屆更獲得香港牛奶公司認可，並主動提出贊助，於是增設為23歲以下球員而設的最佳年青球員（首屆由陳志光當選）。頒獎禮仍在紅館舉行，在明星足球隊大力支持下舉辦得十分成功，門票收入作為補送23歲以下年青球員，到英國進行為期3周訓練。訓練隊成員由各甲組球隊每隊提名一位球員和守門員為當季最佳年青球員，因當年缺少年青

1 | 第9屆香港足球明星及第一屆最佳青年球員選舉記者招待會。
2 | 第9屆香港足球明星及第一屆最佳青年球員選舉中得獎球員。
3 | 足球明星選舉23歲以下得獎球員獲贊助商《牛奶公司》支持下訪問英國
4 | 足球明星選舉23歲以下得獎球員訪問英國，攝於西約克郡列斯聯
5 | 往英國訪問青年球員和職員全家福
6 | 足球明星選舉23歲以下得獎球員訪問英國，攝於列斯聯球會大門。

1	2
3	4
5	6

守門員，因此邀請劉棟平隨團，並由大會主派陳鴻平擔任教練。此舉令到贊助商十分滿意，並宣布往後將會繼續贊助。

俗語有云：「瘦田無人耕，耕開有人爭」，正當我們慶祝英國訓練隊組軍成功之時，香港足球總會卻發放非官方消息，指我們不是正式機構，不能代表香港足總帶隊前往英國，要收回有關主辦權。當時我覺得如果由足總負責主理，亦是好事，再加上我往英期間亦花了不少錢，以經濟角度考量，我亦樂以為之。但此舉引來牛奶公司方面不滿，幸好他們仍然繼續保持贊助。

可惜在第二年，訓練團回來時，發生不愉快事件。當年由林健名擔任領隊，畢偉康為教練，繼續帶領年青球員往英國受訓。回來後足總竟又不依正式途徑向外界透露，說我拖欠足總 2 萬元尚未歸還，各大報章大肆報道此事。此事我受到港台召見解釋，後來查明原因，乃訓練團到英國期間多花了 2 萬元，既然我仍是主辦人，就要由我負責。

我隨即質問足總有關人士，當時郭家明和林健名均在香港酒店和我見面，經我極力反擊下，林、郭兩人最終答應我不需負責該項費用，此事就此了結。理由是當時我已將籌得之所有款項全部交付足總，他們在英期間所超額的款項，理應由他們自行負責，不應由我「包底」。同時就算真的發生問題，應該先向我查詢追討，不應私自向外發放消息，這樣會令我的聲譽受損。可惜此事引致牛奶公司不滿，理由是大公司不想涉及這類人事糾紛，最終決定退出贊助。

因此在第 11 屆最佳球員選舉失去牛奶公司贊助之下，經費馬上出現困難，幸好在好友譚永泉（當時的花花足球隊領隊）協助下才可順利完成，這屆也是我和球員會合作舉辦的最後一屆。

1-2	第二屆香港足球明星選舉，頒獎典禮晚宴。
3	第三屆香港足球明星選舉，記者招待會。
4	第六屆香港足球明星選舉記者招待會。
5	第六屆香港足球明星選舉記者招待會。
6	第七屆記者招待會，並得到當時足總主席正式承認並加入為主辦單位
7	足總加入之後，第八屆選舉獲得生力啤酒贊助，並在紅館舉行五人足球賽
8-9	第八屆足球明星選舉的得獎球員。
10	第十屆香港足球明星及第二屆最佳青年球員選舉的得獎球員。
11	第十一屆牛奶公司退出贊助，幸得好友譚永全出資才能辦成當年選舉，這亦是本人最後一次參與。
12-14	1982年選舉委員會自費組團和入選球員到新加坡訪問

1	2		9	10
3	4		11	12
5	6		13	14
7	8			

海峰挫南華愉園
獲五人賽冠軍
亞軍愉園季軍精工第四名南華

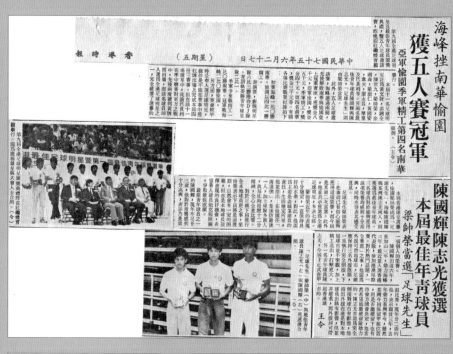

陳國輝陳志光獲選
本屆最佳年青球員
梁帥榮當選「足球先生」

王令

赴英受訓青年球員
僅有一門將兩前鋒
為增強體能將作行前集訓

機會難逢勤學為要

快報 體育 隨筆

「悼心機！」

天天日報 Tin Tin Daily News 星期三 一九八六年七月二日 (育體)

獲保送赴英列斯聯受訓 十五名23歲以下青年軍

月中啓程‧兩週操練及友賽‧八一返港

大公報 星期日 一九八六年八月三日

青年受訓隊剪影

成報

廿三歲以下香港青年球員，一行十八人昨夜乘坐彼邦三八一班機返港，結束三個星期在英國的受訓。

港青自英返 此行得益多

青年球員英國返港
收穫豐惜賽事太密
初辦失預算若有機會將改善

香港青年球員昨晚由英返抵
啟德機場。〈立明攝〉

陳鴻平說有意義
應研究繼續主辦

自費前赴英受訓青年軍今返港

〈吳圭〉

文匯報　丙寅年六月廿八日(大)星期日

赴英集訓兩週收穫甚豐
港青年球星賦歸
共作六賽仗三勝一和二員

體壇快訊

可強

「可口可樂」香港傑出運動員選舉

　　足球明星選舉的成功，吸引到另一個飲品品牌「可口可樂」有興趣主辦全港十大傑出運動員選舉，並希望和香港電台合辦。後因在宣傳方面廣告味道太重，被港台拒辦。及後「可口可樂」方面邀請我擔任顧問，在籌備選舉開會討論時，我向贊助商提出，如在香港每年均要挑選10名俱備最佳條件的運動員並不容易，所以不如選舉範圍不列人數，如該年只得數名運動員合資格，便以此為當選運動員。最終我的意見獲接納，由「全港十大傑出運動員選舉」改為「全港傑出運動員選舉」。

| 「可口可樂」香港傑出
運動員選舉記者會

第八章

海外直播篇

8.1　首次轉播亞運

　　自我接手香港電台體育組之後，就極力爭取轉播各項大型運動賽事，第8屆亞運會正值泰國舉行，我預計泰國主辦規模一定不會很大，相對較容易處理，所以決定以節目形式播出。初步構思是每天播出兩次節目，每次長度約15分鐘。節目內容，是將泰國資訊傳送到返香港，當然大部分以香港隊消息為主。

　　有關其它亞洲區矚目的運動項目，則由我親往泰國製作節目，並且每天分兩次將資訊傳送返香港，再經由香港主持報道，節目內容則是盡量報道和訪問當天香港隊參加的項目。在比賽開始前，必須做好的事前準備工作是先向港協申請採訪證，再向泰國亞運主辦單位，在新聞中心申請借出1個座位，同時要求香港大東電報局，將長途電話線接駁到指定位置。港隊出賽前一晚，先定好香港隊在翌日將會參與的項目，並安排有關採訪時間及簡要採訪內容，訪問對象就需要視乎當時環境而定。因為我們要觀察整個比賽變化，方便臨場作出決定。到了比賽日，我

▏1978年泰國亞運
　香港代表團

1978年採訪泰國亞運

先用錄音機錄好節目內容，然後剪輯成 15 分鐘錄音帶，並按時間趕回記者中心，將資訊轉發回香港，港台方面派人準備好接收訊息，以便節目能夠時播出。

由於我和香港隊住在同一所酒店，所以容易接觸香港運動員，經過在酒店互相認識後，在比賽現場採訪時容易找他們作訪問。第一次海外轉播尚算順利完成，當年受訪的運動員有很多都在日後成為朋友，對我往後報道賽事有很大幫助。

1｜1978年《新星日報》報導亞運
2｜1978年《天天日報》報導亞運
3｜1978年《新燈日報》報導亞運

　　我在 1978 年也前往馬來西亞吉隆坡轉播單車錦標賽，節目內容只是香港隊參賽和日常生活，並以專題形式報道，比起之前採訪泰國亞運時候，輕鬆很多。不過記得當年在報道單車比賽期間發生一件事，成為我的廣播生涯上的污點，亦令我感到非常遺憾。就是在公路賽那天，賽道沿途設有補給站，為選手提供水和香蕉等補充品。當時我負責為選手提供香蕉，因為我拿香蕉的手法錯誤，導致迎面前來的車手因而跌倒，幸好並沒有受傷。另外，我每天也跟隨香港隊訓練和比賽，由於每次我和港隊也一起到達訓練場地，韓國隊曾誤以為我是港隊教練。

　　反觀在 1980 年就輕鬆很多，因此當年沒有什麼大型運動會或比賽。在那一年的較後時間，我發現台灣有一項名為「威廉瓊斯盃」的籃球比賽，水準甚高。當年的東道主台灣籃球已達亞洲一流水平，菲律賓、美國等籃球勁旅也獲邀參賽。香港籃球總會方面極力要求港台報道這項賽事，並給予最大支持，於是我們決定轉播其中一場賽事，反應非常理想，也令時任香港籃球總會會長湛兆霖及後建議港台轉播香港籃球賽事。

1 ｜香港單車隊在比賽營地合照
2 ｜1980 年台灣瓊斯盃籃球賽

| 攝於比賽現場直播位置和在現場的香港球迷。

8.2　第一屆省港盃

　　1979 年，第一屆省港盃在廣州越秀山舉行，並由港台現場直播。由於當年中國大陸尚未開放，所以進行直播有一定困難。這次是港台第一次派出工程人員，負責外地轉播工作。工程人員攜帶很多轉播工具，包括無綫咪和直接與港通話的電話等，當時要帶備這樣器材過關亦十分困難，幸好當時得到香港新華社幫助辦理「通關紙」下才順利過關，而且入關時需要將每件器材，包括電線等物品交予關員每件核對簽字，在回程時亦需交由海關公安核對，審查非常嚴謹，最終港台工程人員順利到達廣州。

在轉播前，我們要跟香港同事進行測試，幸好在這段期間得到廣東省電台的幫助，他們派出 2 名足球評述員提供協助，分別是潘正中和陳發興。他們向省電訊局申請電話線，然後向球場申請地方作比賽日轉播之用。但是因為當時的越秀山球場，基本上沒有記者席和廣播室等設備，所以當局竟然安排「講波」位置在觀眾之中，令負責這次轉播的我和靜江工作時來十分尷尬。

　　及後省港盃改在「東校場」（廣東省人民體育場）舉行，得到場長答應借出二樓貴賓座後面給我們作廣播室，坐在我們旁邊是商台和廣東電台的人員。廣播室下面就是貴賓席，因此當我們的評述他們都清楚聽見。後來足總委員向我反映，廣州領導對我們的講波方式感覺十分新奇，比起國內評述員那種慢條斯理的演繹好聽得多。

　　可是相比起越秀山體育場，我們在「東校場」的評述位置就差很多，因為該球場沒有房間作轉播之用，最後只好在觀眾席撥出一處空間給我們作轉播之用。由於身旁就是觀眾，他們是廣東人可以聽懂我們說什麼，因此我們評述時要十分小心。後來發現原來很多廣州球迷以往有收聽香港的足球評述，對我們有一定認識，亦認同我們的講法，夠膽對賽事和球員表現直指優劣。（當年國內禁止收聽所有外地電台，他們是拿着原子粒收音機，到天台等沒人的地方才靜靜偷聽。）其中一次令我頗感意外的是在一

| 1979年1月21日在越秀山轉播第一屆省港盃，我和何靜江。

| 1980年省港盃期間球迷要求簽名

次午飯時，竟然有廣州球迷找我簽名。原來他們常常收聽港台足球比賽（當年電台大氣電波頻率遠至廣州也能接收得到）。

當年我到廣州轉播省港盃的住所是東方賓館，早、午、晚三餐用膳時間都由酒店定下，逾時不候。幸好當時我結識了兩位服務員，在她們幫助下才解決膳食問題，後來更收了其中一位服務員為乾女兒，到現在還常常見面。

省港盃移師「東校場」舉行後數年，我也繼續跟港台到現場做直播。直至1992年後，也是我退休前一年，我便沒有參與省港盃轉播，由何靜江、李德能等人接手。當年足總對省港盃非常重視，每年都組織龐大的觀光團上廣州觀賞賽事，可惜如今已大不如前，甚至乎足總亦沒派委員及董事隨隊觀賞賽事。正所謂「一朝天子一朝臣」，甚至有人提出不如取消省港盃！

8.3 荃灣地方電台試播

　　我在 1981 年遇到兩件事，在廣播生涯中算是畢生難忘。第一件是荃灣地方電台試播，這個項目由香港電台、新界鄉議局和理民府（即現今民政事務處）合辦，並在荃灣「地方台」試播，由我和另一位女同事擔任主持，每逢下午 5 時正至 6 時正報道，內容及資料均由理民府提供，主要圍繞荃灣區各項活動資訊，可惜此節目維持約半年試播期完成後便停播。

　　回想起啟播當日真是「死過翻生」。早上我坐電台專車駛向荃灣，當時天氣狂風暴雨，路面開始出現水浸，當駛到貨櫃碼頭對開時，水位越升越高，記得當時情況危急，於是我們駛向左方，轉上高速公路，當我們上到荔景方向高速公路回望下面時，看見一半車輛已被水浸了，很多人棄車而逃，因為水位已經浸過車頂。於是我們轉由青山公路方面，向大窩口入荃灣。

外勤轉播

在荃灣沙嘴道進行
小球慈善拍賣

　　我們的車輛駛到荃灣眾安街附近時，已經不能再向前行駛，我見時
間緊迫，開播時間不容遲到，最終不顧風雨交加下，決定下車步行到眾
安街廣播室。我沿着馬路中間分隔馬路的石壆而行，避開水浸的路面；
豈料石壆之間用來作去水之用的有空隙，我當時稍不留神跌到水浸位
置，幸好我當時年輕，雙手立時一撐就馬上翻爬上去，否則可能已被水
沖走，也幸好最終能夠趕到廣播室做節目。還記得首幾天節目都在風雨
中啟播，幸好每天節目尚算順利。縱然事隔近 40 年，至今於我仍歷歷
在目。

8.4　1981 香港國際單車錦標賽

　　第二件令我畢生難忘的事，就是直播「1981 香港國際單車錦標賽」，
當年除了在維園直播場地賽，也是首次嘗試直播公路賽，這做法從未在
電台發生。

直播開始前首先要解決技術問題，我利用直升機在空中沿途接收由地面同事送上來的電波，將電波傳送到大帽山雷達站後，再轉送回港台的廣播大廈直播出街。直到正式報道時，除了在指定站頭接收資訊，我當時更借用軍部無綫電發報機，然後在直播期間坐在電單車後，跟隨比賽車隊報道比賽情況，即時將訊號發送到直升機，打訊號到大帽山轉播站，再送回港台播出，最終這次轉播非常成功。該次轉播模式可謂再創香港廣播界先河，更有承先啟後的意味。

在維園場地賽現場與李鑾輝討論轉播事宜。

8.5　看電視評述球賽

　　1982 年我又創造電台足球轉播先河，就是在新加坡酒店看電視轉播足球賽。當年中國足球隊在 1982 年世界盃亞洲區外圍賽必須擊敗新西蘭才可出線。起初港台並不打算轉播這場賽事，後來得知商台將直播後，於是臨時決定轉播，我奉命在比賽前一日出發。

　　到達新加坡後，我馬上跟亞洲足協秘書長申請轉播批准文件，就開始出現麻煩。亞洲足協表示香港已有電台申請廣播，依據合約內容是獨家轉播（香港區），所以港台不能轉播該場賽事。但我根據亞洲廣播聯會的聲明中不鼓勵電台獨家轉播條文，向亞協方面提出抗議，亞協看見無法即時解決問題，於是向商台提出退回轉播費用，並將事件交回兩台自行商議。商台方面當然不同意，我亦不理會並自行向球場租用廣播室，球場亦同意給予廣播室。我以為事件終於解決，並進行接駁電話線，準備晚上進行轉播。

　　但在比賽當晚我進入廣播室後，商台職員和球場保安向我展示合約，並表明在規條之下，我不能在廣播室工作。我在那時亦沒可能找到亞洲足協人員理論，因此唯有放棄轉播。後來當我離開走到 TVB 廣播車與工作人員閒聊，當他們得知我的情況後向我提議說：「不如睇住電視直播」。但隨即出現幾個問題？在那裏看電視？那裏有電話線？當年的長途電話必須事前申請接駁的。

　　後來 TVB 體育組監製盧瀚貽提出，就到他的酒店房間進行評述吧，同時再將 TVB 預訂的房間長途電話密碼交給我，在酒店轉播問題

1 ｜1982年新加坡轉播被逐前為
　　轉播前準備
2 ｜1982年到新加坡直播中國對
　　新西蘭時拜會新加坡電視台

獲得解決。但尚有其它問題，例如如何得知兩隊出場名單和現場環境情況，還有當電視播出廣告時我又怎麼辦呢？

　　幸好當年每次出外轉播都有港台同事跟我出埠遊玩，於是我叫同事留守球場幫我打點一切，用電話告訴我球場情況，首個難題並得以解決。但廣告時間怎辦的問題仍未解決。廣告時間怎樣評述下去呢？後來知道新加坡電視台原來有頻道用印度話廣播，並無廣告時間，真是天助我也！最終在重重困難之下順利完成轉播，這個當然要考我的智慧。其實當年尚有一位港台同事想跟我一起講波，並和我一起到新加坡工作，但經過這次事件之後，他決定放棄當評述員。

8.6　第九屆亞運會

　　1982 年第九屆亞運會在印度新德里舉行，港台也派員前往現場報道，豈料未出發就先碰壁！原來我所乘搭的航班起飛時間是 17:00，我竟然看錯是 7:00 pm。出發當天我到達機場櫃位，航空公司櫃位在下午 6 時仍然未開，於是向機場職員詢問，答案竟是：「先生，你的航班 5 時起飛，你現在才來，飛機已起飛了！」於是我向機場辦事處求助，幸好當晚還有一班意大利航空在晚上 9 時起飛，最終得到他們幫助下取得機位成行。

　　不過抵埗時因我尚未有亞運記者證，所以要由「普通通道」入境，由於當時等候人數眾多，再加上以當時印度海關的工作能力，恐怕沒兩小時都入不到境。幸好有一位法新社記者出面，才可以改由亞運成員通道入境，幫助我的這位記者叫 Mao Mao，現在我倆是好友。但出機場海關檢查行李時，海關人員將我的原子筆等細小物件據為己有，並全部沒收。

　　翌日，我打算到亞運記者辦公室申請記者證，卻又遇上麻煩。原來當天是印度新年假期，全日休息，那唯有再想辦法，當時也有 6 名香港記者和我同一命運。問題是翌日就是亞運開幕，沒有記者證是不行的。

1｜1982 年印度亞運
2｜1982 年印度亞運

於是我們一行 7 人乘坐一部的士（這在香港記者行內成為笑話），到過很多亞運辦事處都休假，最後我們乘坐到亞運場館門口「等運到」！

當屆亞運會，是中國國家隊第 3 次參與，所以有很多中國教練和《文匯報》及《大公報》等香港「左報」記者互相認識，於是我們決定請他們幫忙，帶一位「行家」進內，再找香港隊領隊尋找解決辦法。慶幸我們藉這個途徑終於傳來好消息，原來我們的記者證均在亞運場館的辦公室內。最終問題獲得解決下，我可專心準備翌日開幕禮及往後的採訪報道。

由於當屆除了香港隊，亦有中國國家隊參加，所以採訪目標亦要兼顧中國隊。中國隊成員十分合作地配合香港記者，尤其是廣東省的運動員同教練，在大家使用同一語言下，採訪起來十分順利。特別是跳水項目，我甚至可以到泳池旁邊和教練一起觀看比賽，當中國隊獲勝後更可以即時訪問。稍為困難的是記者證沒有進入比賽場地的權限，只可在記者區上進行採訪。但電台是以聲音報道，不可能沒有訪問。於是我設法走進比賽場地訪問運動員，中國跳水隊是金牌大戶，各國傳媒都集中報道。經過我四處打量下，皇天不負有心人，終於被我找到在跳水池旁邊有個救護站可以通往跳水池，該救護站並無保安把守，可以自由出入，因此我便由此路進入跳水現場。為免隨時被保安驅趕，於是每次我都坐在中國跳水教練旁邊，以他作保護之外，亦易於和他進行訪問。由於中國跳水隊那時候已是無敵，很多時候到比賽中段就知道金牌一定到手，因此我經常提前訪問教練，以便可以提早返記者室發報資訊回港，所以這屆亞運採訪工作十分愉快和順利。

曾經在報導一場足球比賽上，碰到和我同機的法新社記者 Mao Mao。原來他對足球並不十分熟悉，於是在觀賞賽事期間，我一邊看比賽一邊講波給他聽，到現在他也常常提起這事。

當年很多香港記者住在同一所酒店，所以稍有空閒就一起行街兼四處覓食。在酒店最多就是「食雞餐」，但雞隻往往都很細小，我們還笑說這到底是否烏鴉，因為印度街上很多烏鴉站在電線上。而在印度街道上，每日下午都會有清潔車在街上噴殺蟲水，所以所到之處都有股殺蟲水味。

到印度前聽過很多人說印度食水不清潔，而且食物短缺。但到了印度後，發覺所見之全部與所聽所聞不符。基本上在印度只要不在街上隨便亂喝飲品便無事，食物方面，印度到處都有餐館，只要有錢就成。所以有好多行家攜帶的即食麵到印度後都變了「白帶」。在酒店房間常常有松鼠走來走去，令人感到十分趣致可愛。

1 | 1982印度亞運，訪問跳水教練梁伯熙
2 | 1982年印度亞運單車公路賽
3 | 1982年印度亞運單車公路賽

8.7　堆沙大賽

　　電視台司儀何守信當年開發一個稱為「Dival魔鬼牌」的體育服裝品牌，我們談論過想搞一項公眾活動，以便推廣此品牌，隨即便想起不如在沙灘堆沙。接着便向西貢鄉議局提出，地點在西貢大清水灘舉行，再經過市政局的同意，於是在1983年舉行第一屆堆沙大賽，港台更邀請歌星前來助慶。賽事分為兒童組和成人組，參賽者在沙灘上堆砌各種各樣形狀，供評判選出優勝者。當屆賽事舉辦得十分成功，經過港台、西貢鄉議局和市政局三方面同意後，決定往後繼續舉辦，並採取以每年一度形式舉行。第二屆時邀請香港攝影學會同場舉行沙灘攝影比賽，令賽事更加具吸引力。可惜在第四屆之後，由於港台認為賽事對提升電台收聽率並沒有幫助，因此決定退出主辦。後來的堆沙比賽漸變成為西貢每年一度的「國際堆沙大賽」。

1 ｜ 1983年與市政局合辦全港堆沙模型大賽
2 ｜ 1983年與第一屆堆沙大賽現場盛況

8.8　台灣行

　　在 1960-70 年代，台灣在香港的新聞界尚有一定影響力。親台灣的報章有《星島日報》、《華僑日報》和《香港時報》等，「左派」報紙在足球圈有名的應該是《商報》、《晶報》、《新晚報》等。每逢比賽前、後的日子，各報章都大幅報道賽前預測和兩隊陣容，賽後更作出詳細分析等等。由於當時娛樂不多，當年當然沒有互聯網，球市亦很蓬勃，所以各大小報章都以足球作為主題爭取讀者，場面非常熱鬧。所以當時各報章之專欄執筆者都深受讀者歡迎，他們的筆名亦甚有講究，例如「老馬」、「原子塵」、「穿山甲」和「黑新」等。

親台的編輯在得到台灣方面和香港親台商人支持下，每年都舉辦一個全港各報編輯團訪問台灣，並由台灣僑委會負責接待。我記得在 1980 年代某年，有次事出突然，與眾行家被邀請參加台灣探訪團。當天我們到達台灣酒店時，房間已擺放鮮花並寫上各人的名字。正當我們互相了解究竟是誰送花單位時，我們團長收到電話，他說是由香港球圈的一位人士打來，告訴我們他的老闆會在今晚請吃飯。團長知道是香港球圈人士請客，自然答應赴會，所以在當晚六點大家齊合之後一起出發。

但當我們到達酒店門口，只見一排美國大房車停泊在門外，每架車旁邊都站着兩位身穿黑西裝的男子。當我們踏出門口，便即時有人上前邀請我們上車。更安排每人坐一輛車前往目的地。到達酒會時，由地下、一樓至二樓酒會，沿着樓梯而上都站着一排美女，她們一邊拍掌，一邊向我們講「歡迎香港各報編輯團」等詞語。

當我們就坐後，酒會正式開始。司儀出場第一句便說「歡迎香港各大報紙編輯團訪問台灣」！這本來是在各歡迎晚會上的例行公事，但問題來了，我們得悉香港方面，同時間有幫會會慶已被警方跟上，在台灣這邊接待我們的竟是同一單位！當時我們擔心不知會否被釘上，如果是的話，那我們回港時便有麻煩。幸好我們杞人憂天，擔心都是多餘。

8.9 《公益金百萬行》

70 至 80 一貌年代，當年每個電台及電視台都派隊參加公益金百萬行而。港台每年都由廣播署長帶隊，並歡迎帶同家人一起參與，為了壯大聲勢，我們港台亦邀請甲組球隊派球員參焉。

　　而電視台方面，每年亦都派出當家藝員參加，當年四台籍此項目，各顯威勢，並不希望遜於對方。

　　這項接近五十年歷史的步行籌款，亦是香港至目前歷史最悠久的一項籌款項目。

1 | 當年亦與我兩個兒子，一同參與百萬行。（他倆跟隨著我後面）
2 | 當年百萬行起步位置。
3 | 曾參與百萬行的球員，何靜江，馬必雄，陳世九，廣播處長，梁能仁，本人

第九章

1985 年世界盃亞洲區外圍賽

9.1　五一九戰役

1985 年 5 月 19 日，堪稱是香港足球歷史上最輝煌的一頁。當年香港足球隊在世界盃外圍賽最後一仗，必需擊敗中國隊才可進入下一輪淘汰賽階段。最終香港足球代表隊在北京工人體育場以 2：1 擊敗中國隊，這場比賽令北京市發生球迷暴動，並成為中國國家隊足球歷史上的恥辱。

當時我和靜江竟被安排在球迷坐位中央作賽事直播，情況就如省港盃時在越秀山球場一樣。當香港隊入球時，我倆當然高興，但肢體動作仍然不敢太過誇張；而且在評述期間亦經常遭受北京球迷的干擾，他們甚至用雨傘不停插向我倆背脊，我倆於是在受滋擾下進行直播。

當臨近完場時，公安已知會我們不可隨便亂動，更不要私自離開，完場後由公安護送我們到香港隊更衣室，跟隨香港隊一同以軍車護送我們回燕京飯店。當時街上的球迷已開始暴動，幸好他們針對的是中國隊，因此我們安全且沒有受到干擾。當年隨行的還有時任足總主席何世柱、領隊黃創山、林建岳、余錦基。

9.2　神戶之行

自「五一九」一役擊敗中國隊後，香港隊在 1985 年下旬備戰第二輪外圍賽淘汰賽階段，對手是日本國家隊，賽事安排在神戶上演，港台當然遠赴日本進行直播，當時 TVB 及商台也在現場直播。抵達日本

後，我住在大阪附近的酒店，前往比賽場館需要乘坐火車，才可到達球場作設置準備。

在整個設置過程上，由裝線、試線及其他測試都需時進行。由於等候所花的時間多於裝置的時間，所以我需要來回酒店和場館數次。不過日本火車路線縱橫交錯，比起當年的香港地鐵複雜多倍，我試過在轉車時，情急之下沒看清楚導致轉錯車，幸好最終都能夠依時到達球場。整個直播過程大致順利，但令人失望的是香港隊作客輸0：3。由於賽事在8月11日舉行，當時香港隊球員正值「唞暑」，新球季仍未開鑼，球員狀態仍未達到高水平，所以唯有寄望重返主場大踢爭氣波吧！

第二天早上，我趁有空於是坐「子彈火車」去東京遊玩，晚上回程時卻買不到返回大阪的車票。正當想改乘飛機時，當時的香港甲組球隊俠士的蔡偉文忽然送來一張車票（俠士全隊均到日本捧場），原來是俠士當天剛巧也要從東京坐火車回大阪，他們多購了一張車票，所以他們足主叫球員將多出來的車票轉贈給我。

回到酒店往櫃台提取門匙時，職員通知香港方面有留言給我，細看之下竟是當日有一班日航飛機失事撞山墜毀，所以港台通知我充當臨時新聞記者，到失事現場進行採訪報道，並將最新消息立即傳送回香港新聞部。於是我立即趕去失事現場進行報道，當我到了失事現場附近的一個鄉村採訪時，發現日本人的辦事能力和專業表現確實令人心悅誠服。當我到達辦事處時已有告示版，即時將死傷者姓名和其他資料登載，亦有專人即時回答記者提問。現在回想起來也不知道自己怎樣完成這次任務，同時引來一個假設，就是如果當天不是那張多出來的車票，我改坐的會否是那班失事航機？

　　次回合賽事於同年 9 月 22 日假政府大球場上演，由於港隊首回合落後 3 球，主場須反勝 4 球才可出線。可惜上半場港隊先失一球，胡國雄射失 12 碼未能扳平，下半場才由尹志強頭鎚頂入追和。港隊在大勢已去下完場前再失一球，最終以 1：2 見負，最終兩回合計負 1：5 出局，未能晉級該屆世界盃外圍賽（亞洲區）次圈賽事。

遊歷築波博覽會

　　賽後，香港隊打勝了，隨團的香港球迷和記者團自然雀躍不已，但卻不知道當地球迷在街道上鬧事，推翻汽車和到處放火，返回酒店與港報館通長途電話後才知道大件事，記者們又要趕回現場追新聞，可惜為時已晚。現場只遺下騷亂後的痕跡。食新聞從業員呢行飯，絕不易食的。

「文頭」醒目救我一命

　　八月十一日本神戶，香港隊作客出戰日本隊，港隊不幸慘敗零比三，而我何鑑江卻僥倖逃過死神點召。

　　在日本工作，由於當地人員專業知識水準高，工作起來相當順利，又得一位精通日文的隨團球迷協助，可謂事事如意，可惜港隊卻告爽師。敗陣翌旦，我隨俠士隊由大阪乘搭子彈火車赴東京暢遊，俠士班主丁燗壽很好客，來替我購了車票。日落西斜，我離開俠士隊返回大阪，但忘記取回車票，因補票要補足，為票紙超過一千元，經過一番擾攘後，俾十幾億文急急衝入車站，將車票交回給後，

生死有命・冥冥主宰

　　原來俠士隊的導遊提醒他們在日本乘搭子彈火車的規矩，俠士急忙才派「文頭」來教我。

　　老實講，當時因為時間關係，我急於趕回大阪乘機返港，滯留東京恐錯過返港班機，在子彈火車站拖誤了不少時刻，要不是「文頭」及時趕到，我已打算轉乘內陸機赴大阪的（因為補票價錢遠較單程內陸機票貴）。返回酒店與港台通最後一個長途電話便準備收拾行裝返港，豈料得悉當日下午由東京往大阪的內陸航機墜禍墳毀，我不禁心裏發毛，捏了一把冷汗。如果我貪一時之快，可能「提早退休」SAY GOOD BYE。

　　所謂生死有命，唔信你唔信，香港領隊黃劍山與林建岳就曾在當日上午乘談航機內機由大阪往東京。想深一層，我何老闆的而且確大命夾好彩。

　　唉！在講波生涯中不知發生過多少危難，包括在澳門被警察扣押在羈留所七小時，在新加坡講波又被警察趕，辛酸亦有威水時候，七五年在新加坡成為第一位賽事評述員在外地現場將港隊比賽，透過人造衛星廣播返港。這些辛酸、威水歷史容後再談。

何鑑江

9.3　金牛盃事件

其實在 1985 年，香港球壇除了「五一九戰役」，我亦差點被捲入足總一場權力鬥爭風暴裡面。當年時任足總主席是何世柱，秘書是李漢城，這兩位足總高層做事正直，無時無刻都想努力改進足總處事方式，可惜改革不為當年 6 位乙丙組委員所接受（當時是乙丙組代表，現在則已變成六董事成員之一），各委員也想除之而後快。

風暴起源是該屆賀歲盃（又名「金牛盃」）足總破天荒引入以七人賽形式舉行賽事，由 8 支球隊以複式淘汰賽產生冠軍，並分勝方和負方兩組別角逐，賽制沿用傳統七人賽制模式，如出現打和的話，便以角球數量決定勝負。參賽的 8 支球隊除了足總派出的華聯、港聯和英聯，亦邀請山東、上海、廣州、梅縣和澳門葡聯隊。結果由香港英聯奪得冠軍、港聯奪得亞軍、季軍是廣州隊，其他排名依次序由上海、梅縣、華聯、山東及澳門葡聯隊。

這次賽事之後，霍震霆特別成立一個賽事委員會。不知是什麼原因，霍震霆竟然邀請我成為其中一名委員。賽事結束後，乙丙組代表在澳門開會，霍震霆邀請我出席，檢討這次金牛盃的成績，同時舉行乙丙組坐談會。本來我並不是足總委員是沒資格參加，但霍震霆仍然邀請我

留下。因為意見乃由霍氏提出，所以各委員不能亦不敢反對。而我也知情識趣，當他們討論足總內部問題時，我離開坐到一旁位置。

可能他們聲音較大，隱約聽到他們竟然討論立即推翻當時足總主席何世柱！我覺得這主席做得不錯，當年足總在大事改革之下，其實已漸漸走向正軌，可能因而影響到 6 位代表的利益而遭到罷免。我聽到此事後立刻通知當時足總秘書（名字不便透露），建議他盡快通知何生，以及立即找新華社幫助。時任新華社文體部部長李沖先生是足總以外最有影響力的人，最終何世柱保住主席位置，可惜足總秘書則被解僱，是否棄卒保帥就不得而知。而我直至現在每當回憶此事，也不知道在這件事上，究竟做對還是做錯？

第十章

漢城，亞運＆奧運

10.1　86年亞視轉播英格蘭足總盃

1986年，我在電視台和電台參與兩個項目，分別是英格蘭足總盃和漢城（現稱首爾）亞運。

先說英格蘭足總盃，麗的電視自1982年易名為亞洲電視後，在86年投得英格蘭足總盃播映權。由於亞視已改朝換代，所以新管理層再次邀請我擔任主持，我和林尚義於1970年代在港台共事後再度合作。記得當年每次比賽完畢後，我便馬上趕到英文台和外國同事在節目裡主持抽獎。

亞視取得英國足總杯足球播映權，對大部份人來說是喜訊。

1 | 1986年亞視轉播英格蘭
　　足總盃記者招待會
2 | 亞視轉播英格蘭足總盃，
　　當時除了我和林尚義，尚
　　有嘉賓張子岱和郭家明

10.2　86 年漢城亞運

　　說回亞運，港台如常派隊到漢城實地轉播，哈哈……所謂派隊當然是我單槍匹馬到現場。當年的程序是首先向港協暨奧委會申請採訪證，抵埗後再向大會籌委會報到以換取採訪證，大會在開幕禮當天再另發入場證件。韓國人的辦事能力不用懷疑，一切手續辦妥後，就先到記者中心視察環境，尋找香港電台的位置，以便部署一切，為日後即時傳送資料回香港作好準備。

　　記者中心設備齊全，有電視直播當天比賽實況，更齊備長途電話，傳真機和當日交通安排表等等，全部一目了然。如果是文字記者的話，可以足不出戶便知道所有消息。當時我在港台所佔的位置裝好兩條長途電話線後，便立即與香港方面聯繫，測試完成後再回到酒店。在酒店房間先檢視比賽時間表，看看香港隊各項比賽的時間和地點，以便安排每天採訪對象。

　　在該屆亞運會上，港台編排是每天中午和晚上播放兩次賽事報道。香港方面亦負責在每天早晨時段，報道當天港隊情況。

　　這次我所住的酒店和亞運場館相隔不遠，交通安排亦不錯，所以採訪時間並不困難。每天兩次的報道中一定要包含兩項比賽或以上，另外最少有一個訪問。完成錄音訪問後，我再剪接成 15 分鐘節目，於指定時間回到記者中心，經由電話線傳送回港台預備播出。

　　每天收工後，我又要為第二天的行程作好安排，幸好這次進行得十分順利。在這屆亞運最令人興奮的事，當然是香港保齡球代表車菊紅為香

港取得史上首面亞運金牌。當時所有香港記者都齊集保齡球館，看到車菊
紅有機會取得金牌時，大家都非常緊張，亦充滿盼望。當她打出最後一球
時，全場鴉雀無聲，接着忽然全場歡呼大叫：「金牌啦！」。身為一個香
港記者，能親臨目睹香港健兒奪金，亦是我這次亞運之旅的最大收獲。

因韓國亞委會組織建全，由申請電話線至借用記者室都毫無阻礙，
況且我又是單身前往，有了過往在泰國、印度的轉播經驗，所以在轉播
漢城亞運節目上可謂駕輕就熟。整個轉播過程上托賴並沒有遇上困難，
很順利地完成任務。

10.3　88年漢城奧運

漢城主辦完亞運會後，兩年後再接再厲主辦奧運會。當時港台剛剛
撤換了台長，尹健新離任，由張敏儀（任期為1986-99年）接任，令「台

「風」立即轉變。加上當時興起 DJ 文化節目，於是電台製作節目方向漸漸傾向音樂，體育節目變成可有可無，所以當年我也預計不會做奧運節目。豈料電台可能認為奧運主辦城市漢城跟香港距離很近，加上從未做過奧運轉播，更因我擁有在漢城採訪亞運的經驗，所以港台發信通知我去漢城報道奧運。

港台亦如以往一樣，派我去安排設置配套，但因為我們太遲申請採訪，奧運記者室未能給我們提供位置，因此用以傳送節目的電話線並沒地方可以裝置。但既然決定了轉播，我總要到現場想想辦法，可惜到埗後經過多次往奧委會交涉，最後仍是失望而回。

縱然遇上傳送節目出現的訊號問題，可是我經歷過多次出外轉播，可謂身經百戰，所以冷靜過後馬上到附近公眾電話亭看看，發覺原來當年的電話筒是可以拆開，當看到電筒線上的接駁口，我便和香港方面通話，嘗試將錄音機的輸出線駁上電話筒的接收線，傳送播出聲音，嘗試一下香港方面是否收到，最後竟然成功將聲音傳送返港台。因此當時我每天用這方法傳送錄音節目回港，而每天決定去哪個場館報道比賽項目

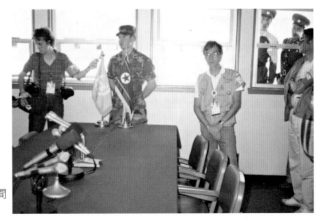

1988 年韓國奧運進行期間
訪問三八線和板門店

24th SEOUL OLYMPIAD

八八奧運年 1 一台全接觸

1｜香港射擊運動開幕當日，訪問擔任聖火傳遞的運動員
2｜1988年韓國奧運期間與楊傳廣合照
3｜1988與香港代表團攝於韓國漢城奧運村
4｜1988年香港電台韓國漢城奧運主持合照
5｜1988年韓國奧運期間與部份香港運動員合照

之前，我都會到場館附近看看有否公眾電話亭可供使用，並預早買下大量電話卡，錄好節目聲音後，就馬上傳送回香港，由香港同事負責剪輯後播出。盜用公眾電話亭設備傳送節目，我相信是前無古人，後無來者吧。

有一天，賽會安排記者到南北韓分界區和「三八線」觀光。由於當年那邊是軍事禁區，我見機會難得，於是將在香港播出的節目內容更改為三八線之旅。大會先用南韓軍車接送我們，當到達三八線時，先向我們講解各項禁忌，繼而進入會議室，該室橫跨南、北韓，在室內行動不受邊境限制，因此有時我們身在北韓地界，當我們聽接待員講解時，外面不時有北韓士兵從窗外觀看。當時南、北韓展開宣傳戰，南韓方排列大量擴音器並指向北韓方向，後來接待員帶我們參觀由北韓通往南韓的人工隧道，聽說這些隧道在當時當地共有數十條。進入隧道前，接待員指示我們「不准攝影」。縱然如此，能夠遠看當時南、北韓士兵時常衝突的地方，真是人生一次的難得機會。憶及兩次來韓國採訪都有很大收穫，雖然這次在傳送上遇上困難，但也總是值得。

這次轉播漢城奧運是我在港台主持體育節目的終結點。原因是港台之後便取消體育組，轉播香港足球賽事次數亦逐漸減少。翌年我亦不再評述香港足球，改為報道新聞交通和擔任財經主播。

第十一章

1990 年世界盃後，退休暫別

11.1　89年，龍騰虎步上獅山

　　由港台電視和大東電報局合辦的「龍騰虎步上獅山」，每年假慈雲山舉行，路程由慈雲山警署起步上獅子山獅子亭，然後再折返回警署。賽事分男、女、個人和團體各組別進行，每組計最先到達終點的前五位參賽者為優勝，參加者都非常雀躍。

　　大會在警署前蓋搭起步台，並在警署對面的小球場搭建一個舞台作表演和頒獎之用。節目由我和何錦華擔任司儀，主要負責公佈各組成績

1 ｜ 1989年《旅業之聲》5月刊封面
2 ｜ 1989年龍騰虎步上獅山起步禮，主禮嘉賓為林建明。
3 ｜ 1994年龍騰虎步上獅山，在起步台與時任警務處長許淇安及
　　藝人邱淑貞合照

和得勝者。大會邀請多名著名歌星在比賽期間表演，參與演出的藝人有譚詠麟、張學友和劉德華等，賽事每年亦由社會各人、政府高官主持起步儀式，場面十分熱鬧。縱然及後我退休，離開港台北上工作，每年都會回港主持這個活動，可惜直至 1994 年結束停辦，原因不得而知。

11.2　第七台主管

為了配合香港大環境，港台在 1989 年特別增設一條新頻道，名為「第七台財經交通台」。開台前我被調派往該台擔任主管，負責指導一批新人報道新聞和交通，因此由我負責的體育組崗位亦被取消。

當年港台的新聞報道內容由新聞部提供，財經消息則由港交所提供，交通資訊由警方交通部和的士台提供，每 15 分鐘報道一次，同樣每十五分鐘就要到新聞部等新聞稿。後來在節目上加設早晨交通報道，例如報道在港九紅隧出入口、獅子山隧道沙田出口設點等，由第七台職

| 1989 年香港電台交通台
（第七台）正式啟播

| 1989 年交通財經台全體
工作人員合照

員每早在現場報道，其它時間則播放一些舊歌或音樂，開創報道交通的
先河。後來商台亦以娛樂方式報道交通，繼而創造出一對耳熟能詳的組
合「軟硬天師」。

當年在第七台和我合作的全都是年青男女，全都是新入職成員，
和他們合作得十分愉快。光陰似箭，在七台工作近 3 年，我當年已 55
歲，按據當時政府規則達到退休年齡，所以萌生退休念頭。

11.3　1990 年無綫世界盃

在我負責第七台的時候，仍然有機會參與足球項目，就是 1990 年
世界盃，這屆世界盃改寫了往後香港直播球賽的歷史。

當年無綫電視和亞洲電視竟然同時取得世界盃播映權，但因當年從
事足球評述員人數甚少，所以每逢足球大賽年度（世界盃或歐國盃等），

亞視再勝一仗
何鑑江任旁述

昨日據亞視助理行政總裁勞輪貽透露，亞視已向港台借人成功，已邀請得何鑑江助陣擔任世界盃賽事的評述員。

早前無線亦向何鑑江打主意，並與亞視展開一場拉角戰，但如今似乎亞視已先勝一仗。

勞勞稱據他所知現在無線只有潘宗明及蔡育瑜，所以他也不知無線仍可邀請那位專家助陣。

稍後亞視便派出外景隊為世界盃拍攝花架，配合明年宣傳大計。

此外，其中一場外圍賽事是在新加坡舉行，但因對方開天殺價，一場的賽事等如三場的價錢，因此亞視不打算作直播。

勞瀚貽謂亞視又勝一仗
亞視借得何鑑江
任世界盃評述員

亞視助理行政總裁勞瀚貽昨日透露，早前港視與亞視都為「世界盃」評述員而展開挖角戰，亞視已向港台借人成功，故他登台也不知港視找誰去了，因為如今港視只有潘宗明及蔡育瑜兩人做「世界盃」而已。

同時，亞聯會派員分往「世界盃」舉行的地方拍攝花架，以便配合宣傳。

提及何以亞視放棄「世界盃」其中一場在新加坡舉行的賽事的原因，勞瀚貽稱，其主要原因乃該場賽事之轉播費用等於轉播三場之實用，故該台只好放棄。

（廷）

無線派出廿位員工往意大利採訪
轉播世界盃傾盡人力物力
梁健華證實何鑑江任評述

無線以龐大的人力、物力轉播明年揭幕的「世界盃」，目前所有的籌備事項現已如火如荼。

體育組負責人梁健華表示，是次為轉播球壇盛事，是投資得以到三百萬元，其中以評述員何鑑江榜最為突出。所有評述員都需要上台的工程達到百多萬，可以直接到評述員坐位，控制室的設談達返港，廿位工作人員前往意大利進行採訪工作。無線可以……

到梁健華此事，他解釋，何鑑江對此在傳言期間已大利，歌曲所有的因，籌備在無線，限於其他因工作，何倫已完成錄音問題現還沒有火的驟行全球，歌曲本月九日素問題現還沒有公開，無線終邀請何倫與團體中足球發燒友「世界盃」在明年六月八日揭幕，譚詠麟主在前賽節目中亮相。

一九八九年十二月四日

為明年世界盃足球賽評述
爭奪何鑑江幫手
最後勝利是無線

世界盃將於明年六月八日在意大利揭幕，無線更為原先廿位工作人員前赴意大利採訪，足球評述及轉播工作，轉播採訪的工夫，最特別的是所有評述員已經上了實戰奧，無線以龐大的人力、物力進行採訪控制室的談話達返港，廿位工作人員前往意大利，控制室的談話達返港，程實際的器材投資，所以起碼世界盃節目多達多元計算，所以起碼無線投資轉播世界盃節目巨大。

另外，世界盃主題曲由譚詠麟主唱，歌曲早已完成籌備和拍攝音樂錄影，無線建議邀投有上台的，蘇絲黃及會唱他國感，無線建議還沒有公布，所以目前本梁健華透露，是次轉播球壇盛事，是次轉播球壇投資轉播世界盃與足球發燒友在世界盃節目內亮相有。

1990年無綫世界盃

每個「講波佬」都爭相成為被邀請參與的對象。當年盧瀚貽在亞視體育組擔任監製，他對我曾有過多次仗義相助，我理所當然地接受他的邀請。但無綫是我的「出山」平台和長期合作伙伴，對我也有知遇之恩。幸好 TVB 了解我的難處，只要求我如果盧君離開亞視的話，我就要重歸 TVB。TVB 好像有先見之明，盧瀚貽竟真的在世界盃前突然離開亞視，那我便遵守承諾重返 TVB 主持該屆世界盃，那一屆的拍檔有何守信、潘宗明、陳尚來、陳耀武、余懷英等人。

該屆世界盃直播是香港電視史上直播球賽的轉捩點。以往無論直播任何球賽，電視台每隔 15 分鐘必定加插廣告，但亞視為吸引觀眾故使出奇招，以一氣呵成形式直播球賽，亦是全港首間電視台以此形式直播。剛巧當屆賽事有數場賽事入球發生在播映廣告期間，最終 TVB 與亞視的收視率拉至非常接近。以當年 TVB「大台」的強勢，就算是險勝，亦與落敗無疑。

往後 TVB 亦跟隨亞視在直播足球賽事時取消播映廣告，從此改變香港足球轉播的歷史。

11.4　退休暫別

　　在港台第七台工作雖然十分愉快，但始終都不是我所喜歡的範疇，因為那是沒有體育節目、沒有球賽評述的日子。始終在仍有能力之下未能一展所長，心裏感到十分不快。於是我隨即產生出外闖闖的念頭，當時覺得如果等到 60 歲才往外發展，可能並沒人接受。加上我當年已置業，可算是無後顧之憂。當時我在港台已是高級節目主任，但礙於學歷所限並無晉升機會。剛巧當時星光包裝印刷老闆林光如先生向我招手，於是泛起離開港台的念頭。

何靜江和當時台長

　　直至有一天和一個十分相熟的娛樂記者「伊仔」談起退休念頭，翌日他竟然將消息見報，加快我作出退休的決定，於是我便馬上遞交退休信，我的退休由閒聊變成事實。

　　當年政府有兩項退休制度給我選擇，我可選擇領取 100% 退休金，或是先收取部份退休金，餘下的再按月支付。我當時根本搞不清那一項才是划算，最終我請會計部同事幫忙計算，條件就是每個月的退休金可以維持生活，餘下的就預先領取。終於我在 1992 年退休，正式結束廿多年的香港電台廣播生涯。

● 廣播處長張敏儀頒贈紀念品給何鑑江。

港台歡送何鑑江
月底離職前休假

永遠的「活力之聲」何鑑江榮休在即，香港電台一眾同事聚首一堂，設宴為何氏歡送，訴說共事之歲月趣聞。廣播處長張敏儀更於席間代表港台全寅，致送刻上「泉林之樂」字句的紀念品及簽滿名字的紀念咭，祝賀其榮休之喜。

何氏於一九六五年十二月開始以兼職形式擔任港台電台體育節目主持，於七二年正式全職，擔任助理節目主任，專責編導主持電台體育節目。八二年五月廿七日榮升體育組監製，在任期間，協力籌辦數屆奧運轉播，推動「名人奧運音樂會」（八七年）及「名人競技」全城（八八年），成績有目共睹。

何氏於年底正式離職，五月廿八日起作離職前休假。

與廣播處長張敏儀合照

何鑑江榮休

永遠的「活力之聲」何鑑江榮休在即，香港電台一眾同事，聚首一堂，設宴為何氏歡送，訴說共事之歲月趣聞。廣播處長張敏儀更於席間代表港台全寅，致送刻上「泉林之樂」的紀念品及簽滿名字的紀念咭與何鑑江，祝賀其榮休之喜。

二十七年的何服務港台逾，公認其為體壇之翹楚，港台與何體育節目與何結下不解之緣。

何氏於一九六五年十二月開始以兼職形式擔任港台電台主持，於七二年六月一日正式全職擔任電台體育節目主任，專責編導主持電台體育節目，八二年五月廿七日榮升體育組監製，在任期間，大力策劃數居奧運轉播，協力活動「名人奧運音樂會」（八七年）及「名人競技舊全城」（八八年），成績有目共睹。

何鑑江白鬚為卿留 退出球圈專心營商

何鑑江，一位資深足球評述員，今年五十七歲，在自己記憶中擁有太清晰，九二年十一月廿四日正式離開其服務多年的商業機構，他正式開展拓展國內市場的商務工作。

偶然間，他會客串電視或電台節目主持工作，少數和龍舟節目，每年他也是一旅遊節目的旁述嘉賓（何鑑江）說，「退離價值的正業工作，此外，他們都會去了寧花去了輕過。」

KK批評香港足球的發展是「退步不前」，他說，「香港的足球水準落在世界前，」

何鑑江的願望，在教育球迷心目中樹立會宗旨

第十二章

北上發展

12.1　星光上市

當我的退休消息傳出之後，有一位在港台和年青社踢波時認識的朋友致電給我，他是「星光包裝印刷公司」的老闆，他邀請我加入他的公司出任營業部經理，主要負責聯繫好營業部與客戶的關係。當時我想以我的知名度和客戶打關係說，應該沒有問題吧，於是隨即答應了他的邀請，上班地點是當時稱為東莞二線外的西鄉（新鄉）。我的下屬全是女子，她們每人負責幾個客戶，跟進訂單進度及緊守交貨日期等工作。我上任後便和她們商議，共同制定一些程度和守則，亦向她們灌輸如何與客戶打好關係，工作期間過程尚算順利。

記得在該年春節，老闆通知我西鄉海關方面有幾位關長到香港旅遊，要我在整個行程中接待他們。豈料當和他們見面時，他們均認出我是誰，隨即向我要求想去香港電視台參觀。

我一聽之下已感到進退兩難。坦白說當時要我安排參觀電視台，我真的沒有任何把握。我在情急智生下建議不如先帶他們到香港電台參觀，然後再想辦法進入電視台。

我們一行人到達港台時，適逢港台進行聽眾春節音樂會，由鄭丹瑞擔任主持，我向鄭道明來意，得他幫忙之下，即時安排海關人員進入音樂會現場。當時真是「天助我也」，接着竟然看到成龍抵達現場。由於我曾經和成龍一起參與電影《龍少爺》拍攝，所以隨即邀請成龍和關員們合照。成龍亦十分賞臉，除了拍照更與他們聊天，令當時的氣氛非常熱鬧，「大哥」亦表現得十分熱情。後來梅艷芳等歌星更相繼到達，成龍亦逐一向關長們介紹，當然少不了拍照留念，之後待音樂會完結後，

| 1992年星光包裝營業部全體員工

關長們都忘記要往電視台參觀，和歌星們熱情道別後，愉快地完成一日行程，而我亦逃過一劫。所以話有時做人只要肯變通，事情總會解決。

　　春節過後，公司收到海關發來的答謝信，藉此多謝關長們在港時我的熱情招待，老闆高興之餘，對我的表現當然深感滿意啦！那一刻，我一下子變成西鄉海關紅人，幫他們相約球賽之餘，並時常出入海關。當時深圳設有「一線」和「二線」，一線關口即是現在羅湖，港人通過第一關即可進入羅湖區，如想進入西鄉（東莞、中山、廣州等地），則要通過設在南頭和西鄉交界的南頭關口（俗稱二線），香港人只要步行通過檢查便可，但中國大陸人士如果由西鄉進入深圳則要有通行證才可進入深圳，通行證由各地公安局所發出，外省人則用當地身份證在南頭（二線）關口辦理。當時中國大陸人士到深圳辦理通行證，如果由我帶領的話就會經過海關宿舍，再從南頭出關，這樣可免通行證過關。

　　此外，有關貨物經由香港入西鄉亦需要報關，但往往都遇上困難。每逢有問題出現，只要我到海關求情，即可取得報關證，貨品就馬上放行。於是我在公司地位突然提高，每逢海關那邊有事，公司必然派我出面交涉，公司的報關員遇上困難亦都找我代為出頭。

　　再過了一段時間，星光在香港正式申請上市，並在西鄉興建新廠房，要向深圳房地產局申請批文，老闆自然又將此重任交託給我。當時中國大陸政府單位辦事確實沒規律可言，這是眾所皆知的事。我最衫不知從何入手，幸好當時西鄉鎮鎮長是老闆的舅父，於是我順理成章找他協助，在他指引下，我先從西鄉房產局申請批文。雖然有他的介紹，但

1 | 1992年星光包裝印刷
2 | 1992年星光包裝印刷
　　上市

1993年星光上市
記者招待會

預計仍是困難重重,所以當時我身上常備大量現金、金幣和名貴手錶等隨時備用。

　　經過西鄉當局審批後,便將文件呈交到深圳國家房產局,當文件去到深圳方面,麻煩就開始來了。因為當批文到了深圳就仿如石沉大海,不知所終,每個單位都總將責任推來推去;香港方面每日都致電詢問進度和追交建造批文給港交所,當時人在公司真的被他們天天追、時時追,加上是農曆新年年假後又要馬上開始行動,每日行走深圳國土局所有單位,在心煩意亂和六神無主的時候,幸運之神又在我身上出現。

　　在不斷追問下總算皇天不負有心人,終於找到負責我們公司批文的官員。但當見到他時,他完全支吾以對,更竟然說從未見過我們那份批文!於是我運用外交手段和他交談,望能勸誘他積極處理,在談話期間我幸運地發現我們公司那份批文就在他旁邊地下,於是在他推無可推之下,再加上贈送厚禮,使他答應盡快為我們辦理申請,我就在此亂打亂撞情況下完成這宗艱難任務向公司有所交待。

12.2　首次創業

　　星光的香港總公司最終亦在當年如願上市，新廠房亦都相繼落成。我當時發現自己始終不是做印刷業的人才，所以準備請辭。適逢當年香港足總的一名前秘書有意在上海發展，他知道上海有一個名為「上海虹橋友誼商城」的國營商店品牌招商，條件優厚，第一年更免租金，只是從利潤中平分，我們只負責店員薪金。當時我認為確實是一個機緣，在去意已決下正式向公司提出請辭。雖然老闆極力挽留，但我去意已定，況且當時公司正處於高峰，選擇從這個時段離開是最合適不過。

　　這次在星光包裝印刷雖然工作年期只有短短一年，但經歷過不少事情，從員工管理到興建新廠房，以及和海關打交道等事件，和我以往的

| 1994年上海友誼商場開幕

工作性質大大不同。這樣間接証明一件事，就是人可以從工作上學習，從學習中工作，只要不放棄，盡力而為，沒有解決不了的事。

另一件值得慶幸的事是在星光工作期間，間接送給我一段美好的感情生活，令我下半生在感情上有所依歸，充滿幸福快樂，可喜的這段感情至今仍然存在，能夠得此紅顏知己，此生無憾。

終於，我在 1994 年 3 月正式在上海紅橋區友誼商城正式開業（該商城還在上址），開業時生意不錯，駐守香港的拍檔負責入貨，我負責店舖一切事務，包括店員薪金等一切開支。資金則是每月由港方匯錢給我，當時中國大陸仍然有金錢管制，匯款亦有一定困難。當年我以 2,000 元在延安路租了一個面積約 700 平方呎的舊樓暫住，因港方匯錢困難，每月隨時都出現經濟拮据，拮据時唯有用私人銀行卡提取現款，但我只有匯豐銀行卡可以提款，每次更只可取 2,000 元，有時真的連確保三餐溫飽都有問題，每餐最常吃的就是蛋炒飯，加上店舖生意又欠佳，回想當時日子真的十分「難捱」。

所有在我的店舖發售的衣服都由香港入貨，開始時由香港派人把貨從廣州寄往上海，雖然從廣州寄貨，手續仍非常繁複，就是貨物先被寄到上海指定貨運站，我收到通知單後前往指定地點，取貨時再由上海海關檢查，如認為要打稅就要即時補辦補稅手續，費用可能很高。後來我們改變辦法，由我回港直接把貨帶到上海，因此我便成為一名「水貨客」，帶着幾大包衣服從香港坐火車到廣州，當年廣州火車站的混亂情況非文字可以形容。繼而我拿着貨物再坐飛機回上海，可以想像當年的困難程度，現在回想起來也佩服自己的恆心毅力和適應環境的能力。可惜我在香港入錯貨品，最終商品和潮流脫節下，開業 2 個月後開始虧本，正當不知結業還是繼續堅守落去之際，另一個機會又來了。

一鑑江湖

第十三章

投身 IMG，中國甲 A 轉播

正當我在考慮是否結束上海商店的時候，有一天看完電影後，在電影院外發現有傳呼機留言（按：當年手提電話仍未普及），訊息是要我打電話回香港，找我的人是前 TVB 體育監製盧瀚貽。我隨即致電回覆，原來他問我有沒有興趣去北京幫一支攝製隊工作，拍攝工作是轉播「中國足球甲級 A 組聯賽」。眼見機會難逢，我當然立即答應。

翌日，我到北京找攝製隊導演，原來他們想請我做足球評述員，不過要用普通話！要我用普通話評述？即是叫我「煲冬瓜」，那怎可以啊！但導演跟我說：「後天便要直播啊，怎麼辦呀？」我說這也沒辦法啊，我有自知之明。後來我介紹當年在轉播省港盃時認識的朋友，廣東電台評述員扁正忠給他們認識。拍攝第一場賽事時，因「老扁」不懂英語，該攝製隊要求甚高，每場完畢之後，如果對該場評述有任何不滿意，就要即時改進。

雖然問題最終解決了，評述員也介紹給攝製隊，攝製隊仍要求我在首場賽事留下來，看看有什麼地方需要幫忙，我唯有答應。直播期間由香港公司派出一位做電腦畫面字幕的人，負責中文字幕那位同事原來對足球方面一竅不通，他連足球比賽有多少人落場比賽也不知道。正當他彷徨之際立時認得我，希望我能夠仗義幫忙。我跟他說：「很簡單，首先將雙方所有球員的名稱和球衣號碼輸入電腦，並以雙方球衣顏色作為兩隊字幕顏色。然後在比賽途中我會給你訊息，例如哪一隊的哪一位球員領黃牌時，我會給你指示，然後你依號碼按此球員名稱，在哪個時間取得黃牌便可。」那一刻我便成為直播時三方面的聯繫人。

我在開賽前，盡早為攝製隊提供雙方出場名單，並在現場為提供幫助，例如是發生球員黃牌及換人等事件時，指導他們配合畫面提供字幕。完場後，攝製隊導演、一位法國女導演、副導演和監製對我十分

驚訝，並問我為什麼對攝製運作流程這麼熟識？當時電視轉播權公司
ＩＭＧ的高級人員在場，即場向他們解釋，我是來自香港的資深廣播評
述員，對直播足球具備豐富經驗，地位亦很高。

當攝製隊他們聽到我的履歷之後，對我深感興趣，並道出他們正是
缺少這樣的人才作技術支援。他們隨即問我可否願意留下來幫助他們，
我當然求之不得啦。最終由仗義幫忙，演變成失而復得的工作，我的
「甲Ａ之旅」，亦由此開始。

攝製隊的香港公司是當年承包「中國足球甲級Ａ組聯賽」（簡稱
「甲Ａ聯賽」）所有場內廣告，整個拍攝運作流程是整個團隊在球賽舉
行前進駐球場觀察環境，並在適當位置設置獨立控制室，接著安裝攝影
機位置，在每個比賽場地都這樣做。我與一名懂說普通話的同事陪行，
並在賽前和當地球場聯繫及安排一切，包括借用控制室位置和指定擺
置攝影機位置等。待攝製隊在周六到達球場預早準備，確保在球賽期間
運作順利。因我在球圈打滾多年，很多中國大陸足球界的傳媒人都認識
我，所以辦起事來事半功倍。

1994-98年中國甲Ａ直播電視攝影隊ＴＷＩ

每逢星期六比賽日，中國足協監場、當地足總、球證和比賽雙方的負責人一起舉行賽前會議。我在會議上提出若干要求請他們配合，比賽開始前我的工作範圍是要求雙方兩隊盡早提供出賽名單給導演，然後由他分派工作給其他負責同事。因此在比賽當日，我和足總所派的監場聯繫，以便盡快將資料交給導演，然後和當天執法裁判溝通，嚴格執行開賽時間。

記得有一次我們計算出錯，以致球證在中場等候我的開球指示才能開始球賽。當時由於等候時間過久引致球迷鼓噪，最尷尬是當時裁判將哨子放在口中準備隨時開始，但一直也等不到我的指示，情況真的非常尷尬。自始我便不讓球證過早進入球場，因為延遲開賽對直播並沒有太大影響。但在比賽進行時，我要將球場發生的事即時向編導報告，例如：誰拿黃牌、誰人受傷和換人程序等。因此在比賽進行時，我站在第四球證旁邊，所以一切場內發生的事都會最快知道，包括補時需多少時間。

球賽結束後，我便馬上跑到場中尋找導演指定的球員進行採訪，先把他帶到指定拍攝位置，以便評述員前來訪問。如果評述員趕不及到

1 ｜ 訪問四川全興球員姚夏
2 ｜ 現場訪問廣東宏遠隊球員謝育新

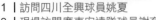

場，便由我代為訪問，但畫面不會見到我的面貌，我是按照導演室所提出的問題向球員訪問。這便是我在一場球賽直播要負責的工作。

電視直播的時間控制非常重要，特別是需要配合廣告時間，所以我必須在每場直播賽事指揮球證開賽。當時在比賽期間除了有關人仕，所有人一律不准停留在比賽場地，我竟然可以全場走動，引致中國大陸各媒體對我的身份十分好奇，《成都商報》率先作出相關報道，及後上海等地的報章也訪問我。甚至有一次在成都工作，攝製隊的法國導演請我晚餐時，忽然有兩人上前來自我介紹，其中一人是當時贊助某中國大陸球隊的運動公司經理，在他旁邊的是德國總公司總裁。他們說因為每逢觀看賽事時都見到我在場區範圍全場奔跑，好像在指揮一切，似乎是非常重要的人，所以想知道我這個白髮白鬚老翁究竟是什麼人。哈哈！其實我並不覺得這些工作有甚麼特別，可能是我的外型才引致他的好奇心吧！

當時我的工作範圍包括預備賽前工作會議，中國甲Ａ聯賽每場球賽都在開賽前一天開會，以決定比賽當天事宜。與會者包括中國足協派出的監場、比賽當地足協的代表、球證、雙方教練、ＩＭＧ的廣告監督和我。我的主要責任是提出攝影隊的要求，包括控制開賽時間，兩隊教練要告訴球員賽後必須接受訪問等，我則會出現在場內。

我早已認識時任中國足協副主席張吉龍，他當時對我的幫助甚大，每次開會都以開玩笑的方式介紹我，每次開場他都介紹我的工作資歷，然後對所有人講：「你們全部都不要說，先聽聽這位老人家說話，因為他的普通話真的很難聽。」這個主席為人真的十分風趣幽默。所以每次開會他都先讓我提出要求，並請各隊加以配合，其他人亦稱呼我為「老人家」。得到張吉龍配合下工作十分順利，久而久之中國大陸的人對我

認識更多，所以當時每逢星期五我都會預先到達轉播場地安排一切，令所有流程更加暢順，然後等待攝製隊到達。

除了在轉播前為攝製隊找到適當地方作直播控制室和賽前會議，我也要視察場地，在球場適當位置放置攝影機位，因為每場球賽要用上的攝影機數量逾 8 部，每部攝影機的安放位置都有一定要求，其實基本上並不困難，但遇到當地電視又有直播時，就要和對方互相遷就配合，商量安放攝影機位置，普遍來講都沒有什麼問題，只有一次在天津的時候……

有一次在天津直播賽事，由於沒有與當地電視台聯繫上，從而發生小事故。事發在直播當天在球場中場線的一個攝影機位置，當地電視台工作人員說這是他們的專用位置，我提議不如在中線兩旁各放一部，但他們反對，他們的攝影機一定要放在正中間，因而引起爭議。幸好時任中國副主席許放先生在場，經他從旁協議下決定採納我的建議，在中線兩旁各自放置攝影機，事件才得以解決。

另外有一次在大連，我和大連足協秘書和球場經理十分熟稔，不過由於在某一場比賽前一天放置攝影機位時，我並沒有在現場，當我到球場後竟然看到有人在爭吵，甚至要大打出手！我立即上前了解情況，原來是我們的攝影隊有一位黑人攝影師想把攝影機放在觀眾席屋簷頂部，因言語不通關係產生誤會，經了解後最終都相安無事。

中國甲 A 足球聯賽開始時，所有場內廣告和境外電視轉播由一間名為 IMG 的國際管理集團負責，並向中國足協取得承包權，即是 IMG 代表中國足協尋找廣告冠名權。所有場地廣告和境外電視轉播權亦由該公司負責尋找贊助，他們最終找到萬寶路出資，成為中國甲 A 聯賽

初期的冠名贊助商，遂名為「萬寶路中國甲 A 聯賽」，他們在 1994-98 年連續 5 季冠名贊助，及後因中國大陸禁止香煙贊助，甲 A 才由百事可樂和西門子移動承接冠名贊助。境外電視轉播權則賣給當年的 ESPN STAR Sports（按：現為 Fox Sports），ESPN 則委託澳洲的 TWI 攝製隊負責攝製，即是我在中國大陸服務的攝製隊。

廣告方面，球場內除了萬寶路的指定廣告位置，其餘位置則由 IMG 賣給其他商品客戶，與萬寶路同類商品的廣告當然不可以出現。另外中國每處都有球迷會，但球迷會的商業性質非常濃厚，這些以某某商品為名的球迷會，有時變相為其他非合作伙伴賣廣告，這亦在違禁之列。因此 IMG 在每個賽區都聘請一位駐地監督員，負責監察各區球場和球會，並和球場方面保持聯繫，防止有違例廣告在球場區域出現。

在每周比賽期間，除了主隊由所屬省份的電視台負責當地電視轉播，中央電視台（CCTV）和衛視體育台（STAR Sports）分別選擇各一場作全國和境外轉播，這兩場賽事對違例廣告的監督特別注意，除了駐地監督員，IMG 亦會特別派出一名監督到場協助監察。由於當時 IMG 註中國大陸的經理 John Fung 不能同時分身監督兩場賽事，他們正值急需用人之際，發現我是香港人，所屬攝製隊是境外的直播單位，於是便向我提出可否出任每場比賽的境外轉播廣告監督，和當地監督一起工作。於是我忽然由一份工變相為打兩份工，同一時間做同一類工作，卻收兩份工資，況且在工作上又沒有抵觸，我當然樂而為之啦！因此我在每場的賽事工作除了為攝製隊提供現場資訊服務，也負責擔任場地廣告監督。

起初克盡場地廣告監督的職務比較困難，因為很多當地公司已與球場管理和球會私下有了共識，亦可能是已經付了廣告費，就是在觀眾席

前以球迷俱樂部名義掛上一些變相廣告的橫額。事件經過一番交涉下，再由足總監督和我調節變通，在雙方原則問題上獲得緩衝，當然有時要作出一些讓步，例如要求他們由兩條橫額減為只掛一條等，總之凡事都需要變通，否則只會將問題惡化。大約一個球季後，IMG將我轉為全職人員，除了仍舊負責監督場地廣告工作，所有贊助商的活動工作都要參與。

中國甲A聯賽開始時由萬寶路為冠名贊助商，後因中國全面禁止香煙贊助，萬寶路因而退出。1999年球季開始轉由百事可樂接手，直至2004年退出後改由西門子贊助，中國足協盃則由飛利浦冠名為「飛利浦中國足協杯」。由萬寶路、百事可樂至飛利浦，他們對贊助權都非常重視，所有大小事項都交由一間指定廣告公司負責推廣，並舉行各種活動配合。絕不像香港的冠名或贊助商，只將贊助款項交給足總後便不聞不問，任由足總方面亂來。

IMG的角色是盡量配合贊助商，並與中國足協方面保持聯繫，以配合贊助商所需。所以我在各種推廣活動，如球星選舉、頒獎禮等大小事情都需要參與，工作量當然比以前多和繁忙。當年IMG派出多名經理級人員到中國大陸協助有關工作，派來的人員大部份是年青人，起初我以為和他們的年紀相差很大，合作上會產生困難，後來發覺擔心是多餘，因為這數名年青人不但和我沒有分歧，也沒有因為自

己是經理級而對我有所不敬，反而對我十分尊重，因此在工作上非常合拍，到現在我們也常常見面，他們視我為長輩，稱呼我為「阿叔」，在此真要對他們講聲「多謝」！

轉為職員後，我不止要照顧足球，有時連羽毛球和籃球等體育項目也要兼顧。記得在 1999 年希爾頓贊助中國男籃聯賽，我曾被派往長春及東莞等比賽地區做廣告監督員。籃球的問題比足球容易處理得多，籃球場從沒出現違規廣告，每次到場幾乎只須觀看比賽。有次去長春監察，當時適逢下雪，因此整個旅程我只有在比賽當晚在球場看比賽而已，至於東莞方面更加沒有困難，因為大家都說廣東話，與工作人員之間更容易溝通，工作起來更感方便。

及至 1994-95 年，我也分別被派往大連和泰國協助轉播羽毛球直播工作，在羽毛球擔任場地經理，與在足球場大大不同。羽毛球通常是

轉播中國甲Ａ國內團隊

在同一場館的幾個球場中同時進行比賽，但直播節目只能播出其中一個場地的比賽過程，我負責隨時向導演報告直播場地的比賽狀況，如同時進行其他項目比賽，都要將每個場地的比數向導演匯報，以便讓導演可以按照當時各場比賽的情況決定直播那場比賽。我亦需要同時將訊息交給評述員，好讓他把握各場比賽實況，即時進行報導。開始時我真的戰戰兢兢，並恐怕出錯，幸好擁有足球場的經驗，再加以臨場變通，總算應付過來，把工作完成。另外，因為這是我第一次在香港以外作轉播工作，加上這樣大的攝製團隊是中國大陸媒體前所未見，引致他們的好奇，甚至想參考我們的製作模式。

當我們的製作團隊運作至甲A第3個球季時，STAR Sports 開始收回製作權，並由香港公司派人接手攝製工作。正當我以為又再失業時，沒想到派來接手的監製竟是以往在無綫合作的舊同事。他們知道我一直負責前線工作，因此要求我留下繼續為他們工作。TWI 退出後，直播製作轉由香港公司派出導演、儀器和其它工作人員，並由一間叫「金大陸」的製作公司提供，一切工作程序不變，導演則由香港派出，我的

▎在泰國協助轉播羽毛球直播

工作當然也一樣。我便在新公司工作逾 9 年，直至「甲 A」最後一個球季尚餘 3 場比賽時，就因境外轉播權並沒有買家接手下提早結束關係。最後一場轉播的比賽場地在西安，因中國足協在 2004 年將甲 A 改為中超，IMG 亦在中國足協可能不再跟他們合作之下決定退出中國足球市場，我亦在 IMG 退出中國後離開公司。我在中國足球的工作亦告一段落，也告別我的工作團隊！

1 ｜攝於中國甲A比賽場地，由左至右：我、劉勇，亞佩和高耀東
2 ｜與IMG同事 Brian Lau 和 Joe Yuen 攝於中國甲A比賽場地
3 ｜轉播中國甲A，攝於延吉機場
4 ｜轉播中國甲A，攝於魯能訓練基地

轉播中國甲Ａ聯賽頒獎典禮

1 | 3
2 |

死過翻生

當年在 IMG 工作，除了週一至五外，週末會返回上海寓所居住，期間曾經發生一件事，如今回想仍然驚魂攝魄。

記得在 96 年一個晚上，當時住在虹橋長寧區水城路附近，當晚睡到半夜扎醒，發現全身乏力，當時知道情況不妙，馬上打電話給業主求救，然後繼續用僅有的力氣，爬出去門口，並把大門打開之後，就失去知覺倒在地上。

當稍有知覺時，隱約聽到救護員到達，並將我送到延安路一間老人護理中心。

當到達中心後，馬上將我放入大型氧氣倉裡搶救。當時我意識上知道全部過程，但對外界全無反應。

最後經過一輪搶救後，漸漸恢復清醒，但醫生報告，仍找不出昏暈的原因。而家裡亦檢查過，沒漏煤氣跡象。

之後在中心裡，每天早上都要去接受氧氣治療，而當時氧氣倉可容納十個人一起。

當我自已一個人在倉內接受治療的時候，真的有點害怕，而倉外有醫療人員和我保持聯繫，令我精神上稍為緩和。終於在護理中心住了兩星期後便出院。而當時一切醫療費用，由 IMG 方面負責支付，並由上海一位同事童先生的太太代為署理。

直到現在，仍然查不到病因，亦不能証實，當時我是否中煤氣等症狀，而直到目前，本身亦無任何後遺症。可謂謝天謝地。

第十四章

參與收費電視工作

14.1　1999年，新加坡 ESPN 英超評述

在 1994-2004 年於中國大陸工作期間，我亦間中返回香港及到新加坡評述足球賽事，1999 年新加坡 ESPN 廣東話足球評述員彭錦全因事回港，時任 ESPN 體育監製陳尚來本身也是負責轉播中國甲 A 賽事，他邀請我到新加坡暫時代替彭錦全，適逢該時段是甲 A 休息檔期，所以我便答應到新加坡客串。

不過當年新加坡勞工法例嚴謹，不可以用短暫或旅遊形式逗留，卻以嘉賓身份客串講波，一切手續必需依照法例進行，要由 ESPN 代辦短期勞工證才可以到獅城工作。一切手續辦妥後，我立即出發往新加坡，甫一到埗，電視台已預早安排好酒店食宿，並派何輝專車接送。當晚我和何輝、陳尚來和江忠德等人食過晚餐後，翌日便立即開工。當時我在獅城人生路不熟，又已經「掛咪」一段長時間，幸好當天的拍檔是黃興桂，在他的經驗和指導下，令該次直播順利完成。

ESPN 的直播模式與我過往在香港和中國大陸時採用的模式不同，情況猶如看 Fox-F1 賽事，我們只負責賽事期間的評述，其餘時段以英語廣播為重心。當時 ESPN 的待遇甚佳，除了應有薪酬也包住宿和膳食津貼，可說是我多年講波生涯以來最好的待遇！

2002 年日韓世界盃由有線電視投得香港區獨家播映權，但根據國際足協協議，兩家免費電視台可直播決賽周 4 場賽事，無綫電視和亞洲電視當然選擇播放賽事壓軸的 4 強戰和決賽，當時亞洲電視將其中一場直播賽事配額選擇用在揭幕戰上。雖則如此，各電視台仍各出奇謀爭取收視，在當時各電視台人手短缺之下，我又再成為招手對象。

找我加入有線電視評述的那兩位人士我是完全不認識的，其中一位是 Dick Yu，另一位同事則已過身。我們在沙田畫舫傾談合作事宜，最終經過午飯後達成協議。於是我在有線電視台評述 2002 年世界盃，亦是我首次在香港收費電視頻道評述世界盃賽事。在有線需要參與製作世界杯宣傳特輯，由於該屆中國國家隊首次躋身世界盃決賽周，少不免要採訪他們，拍攝地點竟是我熟悉的上海，我順理成章成為攝製隊的嚮導和演員。

當年有線電視更邀請黎明出任「世界盃大使」，負責擔任世界盃特輯的球員訪問和主唱世界盃主題曲。我為它們安排效力上海申花和上海中遠（按：現稱北京人和）兩大球會的部份球員做專訪，包括范志毅、謝暉和吳承瑛等著名國腳球員，亦率領攝製隊到由徐根寶在上海崇明島設立的足球訓練學校作訪問。由於黎明對足球了解甚少，所以我沿途講解有關足球的知識，以便他訪問時應用。

某一天，黎明忽然說想看比賽，適逢當天上海申花有賽事，當時中國人對足球正值火熱，尤其上海的足球文化相當熾熱，別說是臨時決定入場，就算是提前購票也不容易。於是我又利用多年來在中國工作的人際關係，看看有沒有辦法找到門票。我先打電話找到球場經理，幸好該場比賽貴賓不多，他答應安排坐位給我們，這亦可能是托

1 ｜ 2002年世界盃上海採訪隊，我、黎明和謝暉
2 ｜ 2002年世界盃我與劉健基在外灘進行拍攝
3 ｜ 2002年有線世界盃特輯，攝於昆明市球場

黎明的鴻福，連接載他的專車竟也可以直達球場大門口。於是當天我與黎明一邊觀賞比賽，一面向他講解當時甲A的狀況。

當天晚上在上海中遠總部訪問范志毅等球員，到翌日再到崇明島採訪。當時除了專訪足球學校學員和徐根寶教練，更採訪了謝暉。及後黎明離隊，有線派另一位同事劉健基負責採訪工作，並到外灘等地取景。

世界盃當年的二月，有線又派出攝製隊到昆明中國國家隊的訓練基地採訪。這次由張志德到上海和我做拍檔，由於張氏要提前返港，所以其實是我一人負責整個特輯。因為攝製隊對中國隊一點都不認識，所以聯絡球隊訪問等籌備工作，都由我出面聯繫。但當時國家隊由外籍教練米路天奴域執教，一切採訪都要經由他批准才可進行。

幸好在守門員區楚良引見下，獲批准在其中一天的正式訓練開始前進入球場拍攝。當時我向中國球員介紹張志德時，幽默地說：「嘩！呢個就係五一九射死中國國家隊果個張志德喇！」即時引得全隊中國球員大笑。除了拍攝基地當天外，攝製隊每天都想要訪問對象，於是我又要想辦法，及後想出幾個方法：

1. 當中國隊隊員下車時找一個相熟的球員，邊走邊問，因為由下車地點與訓練場地有一段路程，所以要把握機會進行訪問。
2. 與守門員區楚良商議好在他休息時，叫他偷偷出來接受訪問；
3. 隊員到飯堂時都要經過一段路，既然宿舍和飯堂都不可以進入，我就在路上截停他們進行短暫訪問，這當然要找一些較易答應的球員。這當然又要依靠我的人脈關係，第一位接受訪問的是張玉寧。

1	2
3	

1-2 ｜攝製隊在昆明中國隊訓練
　　 基地採訪馬明宇
3　 ｜攝製隊在昆明市球場進行
　　 拍攝

　　攝製隊當然也想訪問教練，因為如果整輯專訪欠缺教練確實有點
失色。但由於米路天奴域來自海外，他對於傳媒的態度是有一套規則。
我唯有想想辦法，首先建議他們找一個英語流利的人負責訪問，當我
們見到教練出來時，隨即走上前第一句便說「我們是來自香港的有線
電視」，接着即時向他發問，不要問他是否同意。他在出奇不意情況之
下，又知道我們是來自香港，他一定不好意思拒絕。後來我這個辦法真
的奏效，成功訪問教練米路天奴域，完成這個最艱難的任務。

　　總括而言，那一次攝製隊順利完成拍攝工作，我又完成一個任務。其實每當人面對難題時，一切都要靠動腦筋，只要肯花心思和時間去想想，同時具備「不怕瘀」的精神，世上哪有不成的事？

　　相隔兩屆世界盃之後，我又重出江湖！做世界盃電視直播。

　　再次於電視機前，直播世界盃賽事。雖然這次同樣兩台同播，在90年代表無綫對亞視，今次則代表有線對無綫。

該屆有線世界盃亦受到各大小報章的關注，與前兩屆相比，播出的同樣是大型製作，事前總不免大事宣傳，以壯聲威。我離開講波界多年，唯一賣點就是以經驗彌補不足，在首次有線播出時，我第一次化妝，臉也被人「畫花」，再現江湖的我起初確實有點不習慣，另外亦要捱夜，更要看着畫面辨認球員等等都令我特別費神，幸好在各位同事輔助下順利完成該屆任務，播出時並沒出現大錯，球迷收貨之餘，幸好亦沒收到劣評，幸保貞節牌坊。終於又再順利完成另一次世界盃直播。

可能有很多球迷覺得，每當我描述世界盃時，為何總是平平淡淡，並沒什麼特別事情發生，其實每次做世界盃時，我總是嚴謹以待，並不譁眾取寵，憑着過半百年的經驗，沒理由在世界盃這種大舞台面前出醜。話說起來，在我評述的多屆世界盃裏，真的要多謝上天眷顧，始終沒事情發生總比有事情發生的好。

14.3　新城電台評述 2010 年賀歲盃

2010 年回港休息期間，新城電台曾找我評述由傑志主辦的賀歲盃足球賽。該屆賀歲盃最特別之處是有 3 支球隊參賽，分別是香港的傑志和飛馬邀請隊，另一隊是韓國的浦項製鐵。比賽形式是仿效意大利小組三角賽模式進行，並在即日定出冠軍誰屬，各隊伍對賽 45 分鐘，休息時段更加插舞獅及娛樂節目等助慶，最後由韓國球隊奪標。

《星島日報》在比賽前 3 天訪問我對該年賀歲波的評價，我記得當時說：「今年的賀歲波應該改名為足球嘉年華，因為足球比賽只是其中

一部份，反而娛樂節目更多。」誰知此話一出，便引來傑志班主的不滿，並打電話給新城電台，估計是他叫新城方面不要僱用我。此君該時已不是第一次以這樣的形式投訴過我，因為我在港台時候，他亦曾經向我的高層投訴。新城方面當然「冇聽佢支笛啦」！不過仍提醒我往後在講波時的用詞小心一點。當時和我一同講波的是 3 位年青 DJ，他們的評述方式和我大不相同，幸好每場球賽比賽時間短，再加上有娛樂環節加插。幸好在球賽時間不長下，我亦從善如流，盡量配合他們的評述風格，繼而得以順利完成。

在新城和車車初次合作，
攝於大球場講波室

第十五章

想退卻退不了之下，終可圓夢

15.1 打算正式退出講波生涯，因為再難立足於香港球壇

　　當完成 2002 年有線世界盃直播後，我便返回上海，並打算正式退出評述員生涯。始終像我這種傳統「講波佬」，在主流媒體漸被後輩取代；況且當時市場亦起了變化，足球轉播逐漸變為足球節目，在娛樂性加重及不再需要傳統講波方式之下，我決定休息並全身而退。

　　經過世界盃時的日夜顛倒生活後，我暫且放下一切休息，和女朋友遊山玩水，先後去過黃山、哈爾濱和泰山等地方遊玩。豈料在 2004 年又有人到上海找我，此人就是亞視前體育監製楊慶林，當時他已自組製作公司。由於他的公司購得首屆「中國足球協會超級聯賽」香港區播映權，並和有線電視合作播映，所以他隨即想到找我幫手出山講波，在友情牌攻勢難以推卻之下，我便答應回港幫助他，這次是純屬友情客串。

　　但一做下來就知道這項目很「難食」，因為又要再次看着電視講波，在我數十年的評述生涯中，在現場評述的次數比看電視評述為多，起初確實要一段時間才可適應。當時有線並沒安排太多人幫忙，令統籌工作可謂「一腳踢」，開賽前更沒有準備和安排任何資料，甚至誇張到連出場名單也是時有時無。

　　回想起以往在中國大陸工作時，那邊的電視台運作是開賽前和試咪時，駐場同事會即時向電視控制室報告雙方出場名單。由於這涉及資源問題，所以縱然改變不了實際環境，既然答應人家，便唯有改變自己去配合製作，以便節目能順利完成。於是我每次都會提早回電視台收看由中國大陸電視台傳來的畫面，因為當時直播線路在一小時前便開通，然

後會從畫面中看到現場記者和編導之間的對話，有時會報道兩隊出場名單等資料。

此外亦有另一個解決方法，如果現場記者和編導試咪時沒有報道出場名單，我便拍下在開始轉播時於螢幕前所出現的名單；加上我認識大部分中國大陸球員和教練，令跟進工作來得比較方便，拍下名單這種運作辦法後來更傳遍整個有線電視台內部。為了解更多比賽實況，當時我每逢星期三和六都到深圳買中國大陸的足球週報收集資料，及後在有線評述接近 4 年，由於收視未如理想，最終唯有停止播映中超賽事。這幾年間由於不停遊走上海與香港之間，令我覺得十分疲累，所以便決定回香港定居，結束多年來的海外生活。

15.2　2004 葡萄牙歐洲國家盃

2004 年，ESPN 找我客串評述歐洲國家盃賽事，因為他們人手不足，所以每當遇上需要同時直播幾場賽事便找我幫手。

當時我需要到柴灣明報工業大廈附近的直播室做直播，當我在第一晚開車去開工時竟然不認得路，找了很久也找不到，最終要截的士，在給錢司機帶路下才到達目的地。不過這項工作在我從馬來西亞回來後便沒有再做了，原因是有人告狀，說我在另一間電視台工作（詳情將在下一節詳述），不過我也難得可藉此順道退下來。

15.3　往馬來西亞訓練評述員

後來經「老靜」介紹之下，我獲一所製作公司邀請到馬來西亞 Astro 電視台，負責訓練 6 個足球評述員。因為該台新開設廣東話英超頻道，該 6 名新人都從未描述過足球，當中竟然有商人、兒童節目主持等不相關項目出身的人士，而且每星期只能聚集 2 次。不過他們對英格蘭足球格外熟悉，經過與他們開過幾次會議，向他們指出評述時要注意的事項，並給他們看我以往評述的舊片段，然後叫他們即場試講，繼而即時矯正他們的錯處。經歷 3 個月的訓練後，他們已掌握基本要點，再從他們播出時加以糾正，他們必須經過實際環境下磨練，才可累積經驗，此時我的工作亦差不多將近完成。

該 6 名評述員在首次正式評述時，有位以往擔任兒童節目主持的學員竟寫了一張面積達 5×5 英呎的出場名單，我被他嚇了一跳，因為他們做其他節目的「貓紙」竟然和提示攔一樣大。

攝於馬來西亞Astro電視台

每一次我到大馬培訓，電視台並沒和我申請工作證，我只用遊客身份入境，所以當簽證到期我便要離開。但電視台教我一個方法，就是從早上先到新加坡，晚上再從新加坡入境回來，這樣便可以重新擁有逗留權。重返新加坡時候，我發覺進出的人甚多，原來他們大都是過去新加坡工作，早出晚歸。經過 3 個月培訓後，6 位評述員已經對講波駕輕就熟，於是我又再完成足球評述外的工作。但這次工作完畢後回港，才發現原本答允在 ESPN 擔任歐洲國家盃評述工作忽然被終止。

15.4　2007 年，中國女子世界盃

2004 年在 ESPN 評述歐洲國家盃賽事的工作完結後，我以為可藉此退出講波生涯，豈料有線在 2007 年再找我出山幫忙，今次是評述 2007 年女子世界盃，中國是主辦國。

這一次的工作情況如 2002 年世界盃，也是除了擔任評述，也要協助攝製隊到上海拍攝特輯。今次有線派出馮嘉奇到現場幫忙，當時我在上海虹橋機場接機後才跟他認識。攝製隊抵埗後第一項提出的要求是拍攝虹口球場和訪問中國女子隊球員孫雯。

當我們到達虹口球場才知道，球場原來正值封場維修，後來經過多次和上海足協交涉，終於得到他們的幫忙。球場經理亦是我在甲 A 時代已認識，最終他們答應容許我們在觀眾席上的座位進行拍攝，但不可以踏進球場草地。

　　至於訪問孫雯一環，坦白說，當時我真的沒有任何把握，後來我決定先帶他們到上海足協辦公室，再找足協秘書幫忙，當時女子世界盃的辦公室也設在同一處，就到那邊碰碰運氣吧。

　　有時路是人行出來，運氣一到就會萬事皆通，原來孫雯竟是女足辦公室的主任。當我們踏入女足辦公室，正在和秘書處道明來意之際，我竟然見到孫雯。我與秘書交待完畢後，馬上通過一位當年我做甲Ａ時認識的女球證和我介紹會見孫雯。經過自我介紹後，我便表明希望她能夠接受訪問，她的態度甚友好，立刻答應我的要求。訪問完成後，各工作人員也爭相和她拍照，我得以在一天內辦妥攝製隊所要求的兩件事。

　　到了翌日，我馬不停蹄趕去國家女足訓練基地武漢採訪。這個訓練基地，當時除中國女子隊，加拿大女足也在此處訓練。但到達武漢訓練基地後發現門禁深嚴，任何人也不得進內採訪。由於女足我並不熟悉，無計可施正想辦法之際，忽然聽到女足領隊正要前來視察，我發現來者竟是我認識的足協副主席楊一民，於是我把握機會上前向他打過招呼，他一見到我就問：「老人家你怎會在此出現？」，當我道明來意後趁機找他幫忙，希望他能夠准許我們入內採訪。最終他教我先到當地辦公室申請採訪證，這樣就可以在每次訓練期間進訓練場採訪，並可以拍攝訓練情況。在採訪中國女子隊期間我更順道訪問加拿大女足，整個特輯又從驚險和幸運夾雜的情況下順利完成。後來我們攝製隊到武漢岳陽樓拍攝花絮時，發現我竟然可以免費入場，原因是我是 65 歲以上的老人。哈哈哈哈！

15.5 2008 北京奧運

　　「做完足球，做奧運；做完有線，做無綫。」2008 年，無綫（TVB）獲得北京奧運的播映權後，當時體育組監製李漢源問我有沒有興趣幫手？我問他說：「TVB 咁多人仲要搵我？」豈料他的答案更加有趣：「『果班人』不承認你是評述員，這樣就要給他們知道，你才是一個不折不扣的評述員。」（詳情將在較後篇章裡詳述）。於是以我當年的體魄還可以應付之下，便答應他承接該屆奧運直播工作。豈料到開工時才知道，我原來是負責每晚 12 時後的節目，那一刻我真的懷疑身體狀況能否應付得來。坦白說早知如此，我便不會答應這項工作。

　　說一不二是我多年來的宗旨，既已應承人家便需遵守承諾。終於在奧運播映期間，我負責每晚在陳百祥和鄭裕玲完成黃金時段直播後接手，當年的比賽項目內容包羅萬有，有拳擊、劍術、田徑等等，什麼項目都有。幸好報道每個運動項目時，TVB 總會邀請一位專業人士擔任嘉賓，否則我真是「唔知點死」！當時評述足球項目的拍檔則是潘文迪和李偉文。

　　而且當時我沒有私家車，每晚都要提早乘坐地鐵到將軍澳站，然後再轉的士往工業邨電視城。如果有足球賽事播映至早上收工時，大部份時候都乘坐拍檔的「順風車」進出將軍澳或坑口地鐵站。真的好不容易才捱過這一屆奧運，這亦是我和 TVB 到目前為止之最後一次合作。

我與 TVB 由 60 年代開始合作到千禧年代，是一個不短的時間，期間更經歷 TVB 多個朝代，在這段期間我們都合作愉快。以前跟我合作過的人，現在全都是傳播界的精英份子。及後 TVB 亦頒發嘉許狀給我，這亦可能是代表我和 TVB 的關係正式作結。

這次工作之後，我想反正將來可能沒人再找我擔任廣播工作，所以似乎真的是時候退下來了。

15.6 2010 南非世界盃

世事難料，2010 年有線電視再次投得世界盃香港區獨家播映權。他們自然再次找我合作，但這次並非講波，而是晚上做特備節目，賽後午夜場等娛樂式節目。我在這個節目負責和一眾藝員、評述員和嘉賓等回顧當晚賽事，內容主要是談天說地，但你們不要以為做這類節目很輕鬆。於我而言，做娛樂式節目比講波更辛苦！

講波是只要評述完需要負責的賽事後便可收工，其它賽事坦白說甚至可以不理。但這類談天說地的節目，嘉賓可以輕鬆談論到每場賽事，節目拍檔們也會隨時問我某場賽事的雙方表現。因此我要知道每場賽事的比賽過程，並留意所有球員的表現。那時沒想到做特備節目，反而要觀看所有賽事，同事講完波便可收工，但我仍要繼續觀看其他賽事。幸好這節目，我並非每晚都參與，所以勉強還可以應付。有一晚節目嘉賓是元彪，他一見到我便重提當年拍電影《波牛》時的趣事。

當時我還以為電視台認為我的現場評述功力不復當年，所以才叫我做一些特備節目。原來我這種想法錯了，因為4年後有線再次邀請我擔任仁川亞運足球項目的評述員。做完這次節目後，我心想香港3間電視台都做過，包括亞視的英格蘭足總盃、在TVB和有線亦做過兩屆世界盃直播，我在這行的履歷表算是不錯。電台方面，我也在香港電台和新城電台做過，可惜的是唯獨未做過商業電台，但上天待我不薄，終於給我機會，完成這個夢想。

15.7 終可圓夢

　　2012 年歐國盃舉行時，TVB 體育監製李漢源找我，原因是商業電台想找人講兩場準決賽和決賽，問我有沒有興趣？我聽後興奮地想，莫非是上天真的幫我完成這個心願？我當然即時馬上答應啦！當時我的拍檔是電視界和電台有名的紅人阮兆祥和葛民輝。

　　節目播出頭一晚，我們鬧出兩個笑話。第一個笑話是當晚我開車到商台，駛到樂富附近時竟然不認得上廣播道的路。後來我停車再看清楚，原來我已在燈塔山腳，只要右轉就是廣播道。唉！沒想到我在廣播道扎根近 40 年，竟然忘記鄰台在哪裏，可算是一個笑話。

　　第二個笑話是在節目播出時，我講了一句不喜歡賭波的意見，後來才知道該節目是由馬會贊助。另外我在商台講波是第一次，因此當踏入直播室時嚇了一跳，因為講波位置和電視機只有十多公呎距離，播放球賽的電視機只有約 20 吋，心想這次真是考我功夫和眼力，難道我講波聲譽就此斷送？後來阮兆祥解釋說，原來這次轉播只着重賽果，比賽過程反而是其次，這樣我才安心。

| 2012 商業電台歐國盃

在這個節目中，大多是由阮、葛二人「風花雪月」的時間較多，我只是到球賽出現埋門及射門時才出聲講波。如是者過了 3 場，我又再創下講波生涯另一項紀錄，就是成為首位在3 間傳統大氣電波電台參與評述工作的人，也終於一嘗心願。

| 2012 商業電台歐國盃

原來世事冥冥中，自有安排。當初想退，卻退不來。反而友情驅使下，一次又一次地繼續參與評述，講完一項又一項的大賽，終於完成人生中一項創舉，曾經在香港電台做球賽評述，如果當初我真的堅持退休便沒法圓夢。

15.8 做到七十九

由中國大陸重返香港後，我參與 TVB 的奧運報道，又完成在 3 間電視台講波的心願。回顧我由 1960 年代開始，參與過在香港氣氛最熾熱的英格蘭足總盃，還有多屆的世界盃，亞洲盃也經歷過，想不到後來連奧運和亞運男、女足球項目都評述過，真的有「唔知醜，做到七十九」的想法。

2014 年，有線電視取得仁川亞運男、女足項目播映權，我再次為有線負責評述賽事。工作時發現自己需要多花力氣才能應付，因為平時甚少留意亞洲鄰近地區足球狀況，所以大部份資料真的是「臨急抱佛腳」，過程上較為吃力。幸好當時拍檔是丘健威等具經驗的評述員，在

簡直妙想天開

他們的支援下可彌補我的不足。但我同時發覺不知是否在中國大陸工作太久，已經對香港足球狀況不甚了解，自重返香港工作時，評述香港足球比起以往辛苦得多。

在這次播出中，發覺香港足球隊好像進步好多，可惜及後香港隊好像又打回原型。或許是港隊及後放棄這一批球員，又再選出另一批球員，令港隊變得沒有連貫。那次評述亞運足球項目很可能是我最後講波的日子，幾十年的廣播生涯亦作終結，我決定從此引退。但世事難料，我往後亦難以保證是否有機會重出江湖。

最後要感謝數十年來和我共事過的人，如沒有你們就沒有今天的我。我能為香港 3 個電台和 3 個電視台、中國足球、馬來西亞 Astro 電視台和新加坡 ESPN 頻道服務，能夠從大氣電波跨越躋身免費和收費電視頻道工作，這可算是一個難以打破的紀錄，此生無憾。

1 | 攝於有線電視
2 | 2016 年到多倫多探親時，順道接受當地華語電台主持潘宗明的訪問，同時碰上幾位香港廣播界前輩的後人。
3 | 攝於香港電台節目《情陷足球場》
4 | 報章體育版專訪

第十六章

總結十多年在中國大陸
工作的感受

退休是人生必經階段，但我退休後卻步入人生另一高峰。首先是幫朋友公司搞上市，繼而首次創業，再轉投國際體育中介公司工作，走遍中國大陸大江南北，為中國足球甲級 A 組聯賽奠下基石，之後再擴闊接觸面參與收費電視評述工作，最後一償在新城電台和商業電台工作的心願。以上全部事情，在港台退休時，根本從未想過可以做到，當中有成功也有失敗，但回望這十多年在中國大陸工作的歷程，確實活得豐盛、充實和多姿多采。

在電台退休後，我加入星光印刷有限公司跟隨當時的老闆林光如先生，公司員工無論是否我的下屬，各位都對我十分友好，並沒因我是香港總公司派來而排擠我。

及後我轉到中國足球圈發展，由我在 IMG 最初合作的那一組外國攝製團隊 TWI，到由香港公司接手，及後再和中國大陸攝影組人員一同工作，甚至曾經交手的中國足協官員，全部對我都十分尊敬和愛護。尤其是時任中國足協副主席張吉龍先生，他給我起了「老人家」這外號，所以中國足球界人士都稱我為「老人家」，這外號為我在中國大陸工作帶來不少方便。

當時 IMG 香港派人到中國大陸接手轉播甲 A 聯賽事宜，除了導演和主要工作人員，攝製隊當時所用的儀器都由「金大陸」公司提供，部分攝影師和工作人員亦是金大陸所差派到來。他們對我十分倚重，由導演至所有工作人員都稱呼我為「亞叔」

提到僱用我代為監督場內廣告的 IMG 國際管理集團，由聘請我負責這項工作，到後來多次轉換由香港總公司派來的經理，無論在任何時期，這班年青經理都尊稱我為「亞叔」，並沒有認為自己是經理就對我

不敬。他們十分照顧我的工作需要和生活需要，目前我和這班年青人仍然是好朋友，恕我不在此一一提名，總之大家「心照」，再次衷心感謝各位！

一鑑江湖

第十七章

政府大球場

說起講波年代經常前往工作的球場，大部分時間在政府大球場（現稱香港大球場），其次是花墟球場（現為警察會球場）和旺角球場（現稱旺角大球場）。

先講政府大球場，當年大球場西看台頂部有 4 個吊在空中的四方講波箱，老一輩球迷應該有印象，這 4 個吊箱分配給警察、商業電台、香港電台和 TVB。每次我擔任足球評述前，都要從東看台頂層爬鐵梯上看台上蓋頂部，然後再從看台蓋頂外扶着兩旁鐵梯往外爬向簷篷位置，然後再爬鐵梯落到講波箱。雖然到講波箱被我說得好像很困難，其實只要約 2 分鐘便可到達。以目前香港大球場的高度推算，政府大球場講波箱的高度應等於現在的中層貴賓廂般高。

由於我以往父兼母職，所以曾帶兩名犬兒到大球場講波。當我落到講波箱後便工作，自然無暇理會兄弟二人，當時估計他倆最多只是往其他位置看比賽而已。豈料他倆竟然夠膽爬上看台簷篷頂端對出旁邊玩耍。球場管理人員發現時才把他們嚇傻，並即時大喝：「為什麼有兩個『細路』在上面？」幸好最終沒發生意外，否則他們從高處墜下就不堪設想！當時我正在做直播，所以對此事完全懵然不知。

講波箱內其實什麼都沒有，所謂「冬涼夏熱」，在箱內工作真的十分難受。夏天時又熱又焗像蒸桑拿一樣，有時候唯有把衣服脫掉才可以繼續講波。後來東看台球迷不知是否用望遠鏡看到我們赤膊上陣，之後竟公開爆了這消息出來，電台高層收到消息後，以不雅觀為由叫我們不要再脫衣服。我的印象中，好像只有鯰魚（林尚義）從沒試過脫衣講波。改建後的大球場就好得多，有了冷氣房講波，確實比以往舒適得多。

　　由於當時足總規定電台只可直播下半場賽事，所以上半場我通常在看台上（即現今南看台售票處）與球圈人士打交道。因為當時雙方球員更衣室就在看台下面，所有老闆和足主都在看台上聚腳，所以當時被譽為「球圈聖地」。除了打交道，我也會收集例如雙方出場名單等資料，同時了解雙方隊內情況。雖然我們只講下半場賽事，但因為要在評述比賽前先向球迷描述上半場狀況，例如何時出現入球，哪位球員在多少分鐘領紅、黃牌、哪一分鐘最接近出現入球和分析兩隊踢法，所以上半場仍然要了留意場內情況，這些準備功夫一律都不可以馬虎。並非如外界所想只需在下半場開波前 20 分鐘到場便何。

　　由於足總明文規定，只有賽事全場爆滿之下才可以全場直播，否則電台只可直播下半場賽事。有時候電台在晚上 8 時 45 分就把咪交到球場，當時上半場仍未完結，所以有時也會「偷步」講上半場尾段賽事。有一次由有兩支巨型班對碰，出現全場爆滿，因此需要作全場直播。所以我曾經在某場直播，於賽前到球場向某大球會教練索取球員出場名單時，對方卻回答：「咪玩我喇，KK！老闆未到呀。」箇中意思，你們懂的。

　　當年球市興旺，政府大球場時常爆滿，就連一些中下游隊伍對疊也有接近 9,000 名球迷觀看，如出現強隊對碰，沒買預售票的話，休想進場。當年球隊、足總屬會和傳媒等機構都有一張配票表，所以每逢「大場波」（矚目賽事）都有朋友托我買預售票，如果手上的票不夠，我就會去足總找負責售票的「劉伯」幫忙。

　　買不到球票的球迷，當年甚至會攀上大球場後面，目前已拆卸的正民村附近山坡觀看球賽。正民村是舊大球場大鐘後的寮屋區，由於舊大球場南看台（俗稱「大鐘底」）並沒有現在安置在大球場的兩個大鐘及計分牌遮蓋，所以當時球迷只要爬至正民村空地便可遠眺球賽，村民亦

把握時機在屋前空地放置幾張檯櫈售賣咖啡,好像是每杯 5 元。球迷們一邊飲咖啡、一邊聽我講波,再一邊睇波,真的另有一番風味。

同時亦有球迷爬到近東看台山邊的配水水泥台睇波,他們會提早上去霸位,原因是警方封路之後,所有人就不得進入。該處是山腳部份,很少踏腳點,但如果警員前去驅趕他們的話可能更危險,所以警方唯有任由他們在那邊看比賽,那邊的好處就是居高臨下,對球賽情況一目了然。

除了大球場,當年我踏足得最多就是花墟球場,該場坐位是木製,球場其中一邊龍門背向界限街,另一邊背向大坑東山上木屋,背向警察遊樂會建築物的一面看台用木搭成,指定是給予警察睇波,講波箱也位於那邊。因為四面看台都佈滿警察觀眾,我亦因此認識不少警察。講波箱後面是球員更衣室,所以我們時常聽到球員間的對話,當中包括不少有關雙方球員比賽的指示及內容。講波箱是木製的,有一次葉觀楫吸煙時不小心燒着木板,最後他怎樣把火撲滅?讓你們自行參透一下吧。

　　警察會是由政府出資管理，後來因政府將管理權交回警察體育遊樂會，便不再將花墟球場借給足總，及後更將看台拆卸，最終由旺角場取而代之，成為往後最受球迷歡迎的九龍區球場。當時旺角場在界限街方面，有兩個塔型建築物，一個由警方作為球場保安用，另一個就交給電台，當時有商業電台也有轉播，因此足總以抽籤方式決定給哪一個電台。我們港台幸運地抽中，所以就要在塔型建築物下面看台劃出位置讓商台作講波之用，該位置與球迷只有一欄之隔。

　　後來商台多次提出更換使用權，令足總決定兩個電台都不可以使用塔台，港台要跟商台一樣到觀眾看台講波。幸好我們使用的那部份看台是足總有關人士專用，與球迷距離較遠，被干擾的情況較少。但在旺角場講波也比大球場好不了多少，由於當年旺角場並未興建上蓋，我們和球迷一樣感受風吹雨打，日曬雨淋，箇中滋味真是苦不堪言，當年下雨的話球迷還可以找地方避雨，我們正做直播卻不能隨便離開崗位。更甚的是淋濕我們事小，淋濕機器事大，因為機器淋濕了的話，我們隨時會被電死！

　　至於其他地區的球場，好像當年的荃灣楊屋道球場、深水埗球場、元朗大球場和香港會球場等等，由於直播場數較少，所以沒有特定講波位置，有需要才由球場管理者借出球場辦公地方給我們作講波之用。

　　說到講波，容許我自誇一點，曾經有上一輩球迷對我倆兄弟說：「嗰陣時聽你倆兄弟講，仲好過睇呀。」亦有其他球迷謂：「有無搞錯呀，場波悶到不堪，你倆兄弟就講到眉飛色舞。」這就是我們講波佬技術與奧妙之處，亦是責任之一。

首先作為評述員的責任就要令到球迷覺得比賽好睇，亦不可以太過踐踏賽事，因為這會令球迷覺得連評述員都覺得比賽質素很差的話，那不如回家看電視。「講波佬」有責任宣傳賽事，如果我將賽事踩到一文不值的話，哪還有球迷願意入場？入座率減少了，就算給我講全場也沒意思。所以我們要講得精彩，球迷才會有興趣入場觀看。

其次講波佬的作用，就是要令收音機旁和現場觀眾知道場中 22 名比賽球員的名字。因為球迷並不可能熟悉所有球員，這方面要靠我們「講波佬」。試想像如果你透過電視睇波，只聽到甚麼顏色球衣的球隊，現在攻向另一種顏色球衣的那方，就算有視像也聽得一頭霧水。所以無論球迷對該球員表現如何，以前也會說出他的名字，反觀此刻有時在電視看到有些評述員，只能講出最熟悉的球員名字，其他沒那麼出名的球員控球時，卻只講球隊正在向敵方推進便算。

第三點是必須令到聽收音機的球迷清楚知道球場情況。首先在開波之前要令球迷及聽眾清楚知道，這場比賽是哪一隊對哪一隊，誰是主隊和誰是客隊，並要說出比賽場地天氣、預計入場人數，球證及旁證名字。如果是國際賽的話，更要說出球證的國籍。另外也要說出雙方今場出賽球衣顏色，說清楚他們的進攻方向，以便沒入場的聽眾可以明瞭。例如南華穿紅衫白袖、白褲、紅襪，背靠場館向大鐘方向，左攻右；精工穿藍衫、藍褲、藍襪，背靠大鐘向場館方向，右攻左。更要講出比賽性質，例如這場賽事是聯賽、分組賽或是淘汰賽，雙方球隊形勢和勝負背後的關鍵也不可少。這些資料必需有義務向聽眾說明，就算聽眾知道，亦需將資料道出。

此外，當年我在港台講波時，大家有項不成文的規矩，就是不要「疊聲」。當時我們規定每人各講 10 分鐘，期間拍檔不得「駁口駁舌」。

即是在半場評球時大家可以互相討論，但我講波時千萬不可以插口加嘴，「疊聲」乃廣播大忌。我們在交咪時會以手勢或口頭形式交咪，口頭形式的例子是：「依家交俾你啦，何老靜！」。

在我離開港台退休時，當時政府大球場仍未改建，到改建完成後我仍在中國大陸發展。到我回流香港時，大球場已改名為「香港大球場」。除了於 2010 年以嘉賓身份客串為新城電台評述賀歲盃，我再沒有在新大球場講波。

一鑑江湖

第十八章

當領隊的日子

　　1982 年某個下午，正當我在荃灣沙咀道石地足球場主持一個慈善小型球拍賣活動時，有一位朋友在我休息時前來自我介紹，他說自己名叫袁新，因為他的球隊花花將會升上甲組，所以想找我幫忙主持隊務。

　　我及後向朋友查詢，知道袁新此人確是花花的持牌人。袁新需要找人幫忙打理球隊內部事務，他亦是個只會專心於球隊的百份百足球人，於是我答應替他管理花花足球隊，從此協助他管理花花一切日常隊務，如季前安排球隊出外集訓，球隊出外比賽等。至於尋找贊助商和誰人做老闆等等，當年由劉禹鴻負責，我並無興趣參與。

　　花花可算是一支幸運的球隊，因為縱然沒有「大老細」直接支持，在我任內從沒出現欠糧和拖糧等情況。我在花花時的第一任班主是關浩明，繼而到麗新在 1988-89 年球季接手，球隊亦更名為麗新花花，1 年後再由譚永泉擔任老闆，最後交由快譯通代為經營，一直順風順水。

　　關浩明做老闆的時候，大部份球員都是一邊工作一邊踢球，有些球員更在關氏的工廠上班（印象中他好像是做玩具及服裝生意）。花花升上甲組後首年由張子岱做教練，領隊由劉禹鴻出任，季初更到泰國集訓。翌年由余錦俊接任教練，再一下任教練是何佳。

　　直到快譯通入主花花會籍第 2 年，我便決定離開，那兩年也是由關浩明擔任足主，之後花花由簡炳墀接手再做兩年。到簡氏接手第二年時發生不愉快事件，就是港會懷疑花花在球季最後一戰對南華時「打假波」，所以到廉政公署（ICAC）投訴花花。起因是如果花花在那場賽事擊敗南華就護級成功，落敗則降回乙組。最後花花由鄭偉基射入奠定勝局的一球，以 1：0 小勝南華，導致港會降班。事後港會向 ICAC 舉報，令 ICAC 展開調查。

ICAC 在某天清晨 6 點展開行動，分別到南華宿舍、花花球員和職員家中邀請相關人士到 ICAC 總部協助調查。當時 ICAC 調查員來到我家，我一開門就「衰多口」說：「我都知你們會來找我啦！」他們就抓住這句說話質問為何知道他們會上來？我答道：「我是花花領隊，你不找我可以找誰？」ICAC 調查員十分奸狡，在帶我回總部的車程中裝作朋友般和我聊天，希望在無意間套到我說出口供；到達 ICAC 總部一個房間後，ICAC 調查專員在冷氣十足的房間不停向我威迫利誘，又說這人和那人都招認，你應該都招認吧！他們更不斷重複問我「為何叫球員多起腳射門？」，原因是我平常要求球員帶波一到禁區，第一個目標就是射門。我當時直接回應說：「踢波見到禁區線都唔射門，不如唔好踢！」

問了一段時間後，他們全部離開房間，我便立即睡覺。他們卻立即回來問我為何睡覺，我答道：「你們離開了，我不睡覺還有什麼事做？你們都說有球員招認了，既然他們已招認，你們不用再問我吧！」另外他們又指控我與本身是大馬主的花花足球隊大老闆林百欣串通贏了很多錢，我回應說：「你們問一下我的球員和朋友，我有沒有賭馬？你地都傻嘅。」他們沒我辦法之下，在當天下午 3 時左右便讓我離開，由於黃興桂當年跟我有來往，因此他也被捲入此事，害得我和他都要開車到荃灣填海區附近見面，因此黃興桂稱我們真是風雨同路（直到今天大家見面時，他都叫我「風雨同路」）。最終此事不了了之，球隊於翌季便改名為麗新花花。

改名為麗新花花後，球隊由練馬師簡炳墀做班主，因此我每月都到他家為球員領薪。有很多球員請求我向班主「攞貼士」，簡炳墀說：「KK 我工作時，你們尚在夢中，哪有『貼士』吖！」

最終他都有給我們 3 隻馬名，但最後只得其中兩隻跑出，這是他唯一給我們的「貼士」。

一年後，我的朋友譚永泉接手花花，譚氏是我一手一腳介紹進入足球圈，事緣他的妹妹是我的港台同事，有一天她說哥哥想搞足球，問我可否介紹。我反問她的哥哥是否很有錢和為什麼要搞足球？她當然說哥哥很有錢，搞足球則只為興趣。於是我先介紹他去荃灣足球隊做營養主任，只發獎金卻沒有球隊話事權。當時我為什麼不介紹他入花花？因為簡炳墀做老闆的時候不喜歡由其他人出獎金，直至後來有機會我才介紹他入主花花。

花花由譚永泉接手後立即大展拳腳，因他在大陸做生意的關係，令花花當年常常到深圳和海關踢友誼賽。當年羅湖過關的人甚多，往往要長時間排隊才可過關，人龍往往排到現時交通樓的停車場，我們過關就找海關人員帶我們全隊過關即可。另外花花又代表香港去馬來西亞參加由林百欣贊助的百欣盃（可惜已停辦）。花花有一次更代表香港到印尼參加邀請賽，惟那次旅程導致我以後不再踏足印尼。

那次去印尼比賽有獎金，但我拿到的全是印尼幣。我請當地華僑帶我去銀行兌換美金時，豈料銀行只有一元面額美金，因此我要用上手提包才可以取走全數款項。後來發生了一件令我最害怕的事，當我們離開印尼時，當地球會派人送我們到機場，招待員提議我將護照交給他代為轉交移民局，並建議我放進 20 美元，說這是不成文規矩。

不過當我過移民局櫃檯時發生怪事，移民官拿了我的護照看了一會，把我的護照放在一旁，叫我站在一旁等一下。大約 5 分鐘後有一個女移民官出現，她拿了我的護照，叫我跟她進入辦公室。她坐下後

便向我講了一大段我聽不懂的英語，我便知道應該是錢的問題，於是我取出放在護照的 20 美元，然後再拿回給她。但她拿回一看就說：「More!」，這回我聽得懂了。隨即馬上多放 10 美元進護照，她收到後馬上露出笑容說下次可以直接找她。通過移民局，再到海關檢查行李時，我再要交付每個關員每人 10 美元，幸好當時只有 3 人當值，否則不知要給多少才夠。

檢查過後，當我們等候登機時又發生不幸事件。當時我們所處的位置可以見到海關人員，我看到他們換班時望向我們交頭接耳，後來知道新上班的人員又向我索要金錢。我當時唯一所想的就是希望盡快登機，否則不知還要給多少次錢才可以離開機場，我從此都不敢再去印尼了。

在譚永泉擔任花花足主期間，他對我十分信任，每月我只要到他公司的財務部為球員領取薪金和獎金，財務部的同事從不過問，依我指示如數支付款項給我。原來譚氏早已交付他們，無論我報多少款項都不用過問，只需要照數額支付便可。後來我和他在球員出場和換人問題上意見相左，彼此間逐漸產生磨擦，但他始終是老闆，所以最後還是要聽他的。直至他轉手給快譯通時，我對他表示非常不滿，因為他在沒有和袁新商量下便決定轉手。最後必須要袁新往足總簽妥轉名手續，花花才可以轉名給快譯通，會籍仍然是保留花花的名稱。

當年首次和快譯通的譚偉棠見面時，我提出的唯一條件是一定要保留一個受薪職位給袁新，這個條件亦得到快譯通答允。快譯通方面對我說，他們對搞足球全無經驗，所以提出邀請我留任一季，協助他們管理球隊。經過雙方同意之下，我便留在快譯通擔任領隊一職。

　　快譯通首季參賽時取得理想開局，先奪取會長盃七人賽冠軍，隨即劍指首項十一人錦標－高級組銀牌，在4強戰遇上同業球隊好易通。當時好易通和快譯通同樣在市場上銷售翻譯器，在同行如敵國下，老闆下達指令必須全力擊敗對手。雙方都為此增加兵力，以求取勝。於是我便委託朋友從英國簽來一名中鋒。可惜此人身裁一流，球技卻不對辦。比賽當天雙方僵持不下，正當和局之際，幸運之神降臨我們，竟然被新中鋒取得入球，我們以1：0淘汰好易通，昂然躋身決賽。

　　那一屆銀牌決賽的對手是星島，他們當年擁有上海名將秦國榮，我們派出李世昌專責看管他，我叫李世昌貼身看管不讓秦國榮取得控球權，所以只需要破壞他發動攻勢，其它的工作都不用管。

　　快譯通幸運地在決賽與星島打和，當年賽制是如決賽未勝負便要重賽。首回合結束後，我隨即向譚偉棠建議，馬上往銀禧體育學院（按：體院前身）集宿備戰數日後舉行的重賽。但此項建議即時被譚永泉否決，認為我太過認真，沒此必要。此事令我和譚永泉之間就管理問題產生很大矛盾。最終快譯通在重賽敗陣只得亞軍，失落這項錦標對球隊往後戰績影響很大。但沒想到往後快譯通4次殺入銀牌決賽都失敗而回，直到退出球壇都從沒染指過這項香港最歷史悠久的盃賽冠軍。

在後排右邊第8個穿白色衣服的便是本人。

　　我和譚永泉在用人意見上的分歧越來越大，後來他竟然向外界宣布我不是球隊領隊，他才是！當時他不是領隊，但和譚偉棠同是生意人，譚偉棠對他總要給些小面子，因此譚偉棠叫我對譚永泉給予忍讓。但我認為擔任領隊的話便要對球隊負責，最終我堅拒讓步。於是我在球季尚未完結時和譚偉棠達成協議，我不用擔任領隊一職，但並不向外界宣布，譚偉棠亦發給我薪金至季末，我和快譯通自此終止賓主關係。我亦於翌年退休往中國大陸發展，離開香港前我向花花董事局辭去一切職務，但花花方面並沒有向有關當局申報，因而產生我回港後與花花之間的不愉快事件。

　　此事發生在 2016 年，並涉及一名前花花人士，此人當年在花花負責出獎金（即上文提到的營養主任），當時他對我提出，現在（2016 年）的花花會內毫無組織可言，但我跟他說和花花已全無關係，沒什麼可以幫得上，但他竟然說我仍然是花花董事！那刻我才知道原來花花沒有取消我的董事註冊。他說有幾位朋友想協助花花重整球會，並重組董事局，每位董事將向花花提出資助，決心將花花重新納入正軌。

　　當時我見花花像一盆散沙，如果有熱心人士將花花重新搞好，都是一件好事。豈料我中正奸計，第一次開董事會時，他們提出要加入新董事成員。那一刻我已發覺不對勁，花花本身已有 6 位董事，他們建議再加入 7 位董事，這分明是要取得投票控制權。我想他們如要掌管花花的話，便一定要取得完全控制權，因為若舊有董事反對，一切便前功盡廢。

　　當我一看新董事名單時，便即時想到內有乾坤，因為在那 7 個人之中，除了那位前花花人士，其中兩位是現役花花教練，這二人我都認識，也是前花花球員，他們如果想搞好花花，一早便應該有整頓念頭，何用等到那天？後來我得知原來是該位前花花人士邀請他們加入，所有

費用都由該位人士負責，他們只須出席董事會。

名單上有一位新董事更值得我增加疑心的，他一直都以「伍公子」自稱。直至第二次會議我終於忍不住當眾詢問，這位伍公子是否姓：「伍」，名「公子」？後來才知道他是伍健先生的公子，接着我再不停追問他的名字時，他只講出英文名，至今我仍不知道他的中文名字。這樣奇不奇怪？為何一個人連真實姓名也不可以讓人知道？

此外，在第一次新董事局正式會議上，譚偉棠帶來一位新董事，他說是一位專業人士，負責寫會議紀錄之餘，也會協助搞好花花業務。但在第三次會議召開時，竟然仍未交到第一次會議紀錄，這位專業人士自此再沒有出現過。同時在第一次會議有人建議每位新董事每月必須繳交3,000元入會費，但以我所知到現在都無人交過款項。第二次董事會議出席人數僅僅足夠法定開會人數，有一半新董事成員沒有出席，會議期間選出由袁新做花花會的主席，余煥懷做球會秘書。當選後我請袁新發言，可笑的事發生了，主席袁新竟然說「冇嘢講」，以後由譚偉棠代為發言。當時我真是笑不出，但怪事接踵而來，譚偉棠竟然提出將花花一切會計事務交由傑志方面負責。熟悉我脾性的人都知道，我豈能忍受得了，我當然即場提出反對！同時我亦發現他們的野心，我亦不再跟他們同流合污，我立即提出要退出董事局。

及後花花曾表示要參與港超聯，更證明我的懷疑沒錯，有人想用花花加入港超聯，以增加在足總的控制權。不過後來因註冊問題，港超聯位置被夢想駿其取得。後來有人想以花花名義搞港超球隊，但被董事局方面反對。現在花花董事局已名存實亡，董事欠交會費，亦無人開會。我將此事公開是不想有些表面是正人君子的人，暗地卻利用骯髒手段增強自己在圈內勢力，以謀私利。

第十九章

我和公會的關係

可能我曾是公務員，從事工作又跟宣傳和報道有關，所以政府對我參加公會的反應十分敏感。嚴格來講，我連去澳門都要申請，所以從未加入任何公會，幸好公會朋友們都了解我的難處，對我的決定十分同情和尊重，所以每次活動都邀請我以嘉賓身份參與，沒有因為我不是會員而拒於門外。直到現在情況都不變，有關公會活動都邀請我參加，視我為該會的一份子。

但凡事都有正負兩面，2002 年我回港替有線評述世界盃時忽然有個想法，由於香港體育傳媒使用的球員譯名並不一致，我建議成立一個組織，首要目標就是聯繫所有業界人士，研究怎樣將外籍球員的中文譯名完全統一。因此我發起簽名運動，成立一個組織進行此事，有人已簽名參與。可惜因為我完成世界盃評述工作後，須返回中國大陸工作，此事在沒有人跟進下不了了之。

後來我回流後才發現，賴汝正發起組織一個足球評述員協會，我得知這消息後十分高興，因為終於有人做這件事。可惜事後發現他的組織是另有目的，我的推測是當時他出任 NOW TV 體育部主任，需要一班評述員幫助，那時候他離開了香港多年，跟香港足球評述員可以說是全無聯繫，因此借組織公會名義招攬人才，事後亦証明我的猜測沒錯。

公會成立後，由蔡育瑜擔任主席，陳炳安為副主席，奇怪的是由始至終我都沒有收過任何入會通知，於是我打電話給陳炳安，豈料他的回覆真是貽笑大方！他講了一大堆廢話，說什麼自己都是被人「擺上檯」，此事與他無關。最後我多番追問下，他才透露因為公會認為我不是現役評述員，所以並不接納我入會。最後我向他提出，請他在一個月內派出一名代表向我回覆他們的講法，例如為何拒絕我入會，以及我應該找誰查詢相關事宜？但他們至今仍沒有回覆我的問題。

　　直至有一天李德能打電話給我，邀請我加入該公會，當時聽聞他已出任該會的主席。我聽出他的來意，便對他說：「德能，我們是舊同事又是朋友，但這件事已沒有回轉的餘地，請不要再提，否則連朋友都沒得做。」我所持的理由很簡單，就是李德能應該有份參與新公會的籌備工作，為什麼當時他在會內不向眾人提出？為何不接納我成為會員？到自己做主席後，才提出邀請我入會？易地而處，我寧願大家「齊上齊落」，也不會將把其中一位拍檔拒之門外。

　　我縱橫評述界四十多年，由大氣電波講波講到上電視，及後更在收費電視台繼續擔任評述，從 1970 年代開始評述香港隊比賽，近至省港盃遠至新加坡及「五一九」，大小香港隊戰役我都有份參與評述，難道我仍不符合成為評述員的資格嗎？實際上這件事對我並無影響，因為後來電視台和電台都仍然繼續邀請我工作。可惜此事證明人係自私的，我到現在都不明白，我在香港足球評述界沒有殺傷力，為什麼他們有此封殺行動，其它評述員對這決定竟然全無反應，仍照樣加入這個公會！

第二十章

電影篇

　　我亦曾參演過《龍少爺》、《波牛》、《男與女》等電影演出，也曾參與幾部電影的足球場面配音工作。在港台工作初期，除了報新聞和講波，我也曾在電影客串，首部客串的電影是由成龍主演的《龍少爺》，而戲中的角色是一場足毽比賽中的現場評述，拍攝地點是在台灣，為期一週，演員馮克安負責招待我在拍攝期間的食宿。

　　每次拍攝時我都要出現，原因是拍攝時用數部攝影機同步拍攝電影中比賽實況，所以鏡頭隨時會拍攝到我「講毽」的位置，如果鏡頭看不見我便會「穿崩」。那次拍攝不是現場收音，所以我只需要扮講毽，其實這十分辛苦，因為我不知道鏡頭在什麼時候拍到我，因此只要導演一聲「Camera」令下，我就要開始「作狀」，如是者拍了 4 天後，再拍我走到頒獎現場的特寫，以及講述頒獎情況。

　　在台期間，有一晚和克安外出晚飯，晚飯席間，餐店門口忽然殺聲四起，桚橙橫飛，原來是兩幫人在「開片」。克安和我當時躲縮在牆角，同時用檯面擋住他們，他叫我不要出聲也不要動，否則任何一方看見，誤會我們是另一幫的人的話可能會斬我們。一輪打鬥後，兩方都鳴金收兵。這種場面拍戲看得多，親身經歷還是第一次，我們幸好都安然無恙，這種經歷絕對是可免則免。

　　回港後我要為影片進行配音工作，記憶中是在斧山道國泰片廠的錄音室工作，由丁羽先生負責，成龍亦在場指揮。製作組播放要配音的片段給我看，然後問我是否要多看幾次和有什麼需要？我說只要給我參賽者在電影中的名字和別名，並指出在該場戲有什麼地方需要特別提及便可。

他們提供了我所需要的資料後，我從旁休息幾分鐘，加以構思便開始配音。我運用講波經驗將動作加以形容，只 NG 過兩次就完成。當時成龍很驚訝，他對我說：「何生，你竟然用這麼短時間就能將畫面講得如此生動，將整段戲的可觀性提高了不少。」我和負責配音的丁羽笑話說可否加入配音組行列，豈料答案竟是 NO！原因是我一向只依照現場情況加以講解描述，時間拿捏上不用那麼準確。電影配音則要跟足演員講話時的動作、口形和神態，分毫不差。另外我的聲音太特別，很難在影片中為多個角色配音，聽完之後我慨嘆說，又少一個行業讓我選擇了。

《波牛》則在香港西貢蠔涌一個私人球場拍攝，由元彪、張國強等主演，我的角色仍是足球評述員。劇情講述一場因私人恩怨和賭波而起的球賽在秘密地點舉行，我為了要報道比賽，便在場外爬樹報道。劇情原是在雨中作賽，我最後被發現，從樹上跌下至死，但影片上演時並無跌死畫面出現，拍攝完成後我又要擔任配音工作。既然講踢毽我都可以搞定，何況

龍少爺

是我的專業－足球！駕輕就熟下工作又順利完成，事後元彪當然對我的
工作表現大讚不絕。

　　在《男與女》我則以記者身份出現，劇情是一場拳賽後訪問男主角
萬梓良，這次是現場收音，所以必須要照稿跟讀，雖然只是短短數十秒
就拍完，但如今回想我亦沒有什麼記憶。我在《殺妻二人組》的出場時
間更少，我記得有一天在大球場講波時，周潤發和鍾鎮濤突然出現，他
們問我可否拍攝一些講波畫面，我說沒問題，豈料原來是要找我在影片
中配音。在這電影中，我只是在開場時的講波片段出現，其餘時間我只
用聲音亮相，不用出鏡。

▎波牛

▎男與女

在《奇謀妙計五福星》中有一段情節是五福星在看電視，電視內容是我為一場足球比賽擔任評述。原本這是輕而易舉，但其實相當困難，因為我要配合劇情講波，當五福星看電視我就要講，看不到電視就要停止講波，說話要連接畫面。那一次工作對我來說是很好的配音經驗，我這麼精明，這些工作又怎會難到我？於是輕易又過一關。

第二十一章

工作態度

無論做人做事必須有始有終，下定決心做一件事就必須做好。同時答應了人家做事，亦必須要盡心做足，亦必須盡責把事情做好！這是我在行內幾十年一直堅守的工作態度。

我答應有線電視做世界盃節目嘉賓的時候，就決定一場不漏的觀看整屆賽事。有廠內同事曾經跟我說，其實我不需要這麼辛苦每場賽事都看，只須觀看我負責的那些比賽便可。但我說：「如果碰到其他嘉賓提起另一場賽事作借鏡或比喻，我卻沒看那場比賽的話就會啞口無言，尷尬非常。」

工作時最重要是守時。每逢我做節目前都會預早 1 小時到公司或採訪地點附近，仍有閒餘時間就吃點東西才上直播室。這習慣從我入行之前已養成，所以我在行內數十年來，答應做嘉賓的話就從未失場。不過有一次差點令我「打爛齋缽」，

事源是在我中國大陸工作時，當時在有線工作的賴汝正有一次邀請我在某場賽事擔任嘉賓，甲 A 聯賽在該星期剛好沒有賽事，所以便答允回港出席。

節目拍攝當天我跟老闆在廣州開會，我計算過會議完畢後坐火車回港，3 小時內必定趕到。豈料老闆竟提議不如坐飛機回港，沒法抗拒下唯有陪他坐飛機。怎知竟碰上航班延誤，那一刻我在候機室急得有如熱鍋上的螞蟻，幸好最終能夠趕上飛機。當時在啟德機場落機後，幸好我有手提電話（手機當時仍未普及），於是立即跟賴汝正聯絡，他問我能否趕到。因為我並不知道當時的交通情況，於是我回應說盡快趕過來吧。

　　我回港後立刻坐的士趕往荃灣有線電視大樓，當年我長期在中國大陸工作，所以對當時路況陌生，還問為何沿路也沒有紅綠燈。原來當年西九龍公路已通車，由機場經過西九龍公路直達荃灣只需十數分鐘，賴汝正在有線電視大樓門口拿好整套制服等我下車，並不斷叫我「着衫、着衫、着衫……」，希望能趕及在節目開始前進入錄影室。當時我一邊更衣一邊跑到錄影廠，幸好最終都能夠在節目開始前趕到。如果在節目開始後才到的話，那一刻真的不知如何是好。在我入行幾十年來，這一次算是最驚險。

一鑑江湖

第二十二章

人生觀

22.1　朋友

　　我對朋友的宗旨是以誠相待，縱使曾有爭執的也不會放在心上。合得來者，多說兩句；不合得來，不說多句，甚至少點交往便是。唯獨是有一種人令我較為討厭，就是喜歡虛造事實，以誣捏人家為樂，以致影響他人生活的小人，我是非常痛恨。我的為人說一不二，如果是事實，縱使做錯了亦會坦然承認。但如果我從沒做過卻有人「生安白造」，這種人永遠也沒朋友做，碰到也視而不見。

　　每逢朋友要求我做任何事情，我永遠不會以錢為前題。如有空閒便答應，但會事前詢問清楚是否真的需要由我去做，否則可免則免，始終想將機會留給其他人吧。但有一個原則我必須堅持，就是如果該工作已有人擔任，我不會搶走他人的崗位。就算該項工作對我如何合適，亦要顧及他人感受。除非該位置欠缺多時，否則「有人做緊我一定唔做」。

　　另外，我答應了朋友做事，無論是何事也要赴湯蹈火地完成。相反我不喜歡有些總愛順口開河的人說「幾時得閒飲茶？」、「幾時返嚟做個節目？」等說話。我並不是認真和在意這些說話，只是我不喜歡講這些話，也不喜歡聽到別人說這些話。

22.2　做人要樂觀

　　我的人生歷程遇過無數風浪，嘗過不少苦難，但我會抱着樂觀心態去面對。我年輕時曾出現經濟問題，向四大公司「泊碼頭」（即向四大

銀行貸款）。於是我便定下最低目標，以本身還款能力推算每月最少可還多少錢，及計算需要多久才能清還，往後便以這指標作為生活標準。事情既已發生便設法解決，確定一切後便應安樂地專心工作，不要愁着面每天胡思亂想，如果環境好轉便早點解決。除非定下的目標高於本身能力，目標定得太高卻每年每月也追求最高目標，這樣做人哪會過得快樂？

22.3　交託給我的工作

每逢朋友交託工作給我，我會跟對方說明可以應付多少，我答應人家的必定盡全力辦妥，完成時必定以高於當初承諾的為完成目標，這樣才不負人家所望。如果將目標定於能力以外，到最後未能達標的話，就會覺得對人有所虧欠，同時人家亦會對我失去信心。所以我每次答允人家做事，最後只會做多不會做少，令人喜出望外，總好過令對方大失所望。

22.4　生與死

坦白說，對於生離死別的事情，我可謂若無其事。可能曾經做過醫務署，見得死人多，所以對這些事並沒有過份悲痛。我凡事以最壞情況推算，例如患上需要半年才痊癒的病，我會假設可能要用上一年才康復。一年時間也不算甚麼的話，那沒甚麼過不了。

朋友離去我只會淡淡然道：「這樣便走」，並沒甚麼感覺。可能年少時已在義莊玩樂，加上在港台工作前在醫院工作，時常接觸生死，經歷太多，活了大輩子之下，還有甚麼可令我動容？就算是當年父母相繼離開，我也並沒太大感覺。當年他倆離開時，我並沒在他身邊陪伴，他們在生時，因為環境欠佳，所以我和他們各自在港、澳兩地謀生，聚少離多下比一般人較少關於父母的回憶，可能正因如此，在他們離開的時候確實沒太大感覺。我與父母的關係不差，只是較一般人疏離。在改變不了的環境下，唯有選擇以樂觀態度面對生死問題。

22.5　社會

當一個人無論身處任何層面，都要對所處之地有一份責任。例如在家裏我要盡父母之責，將子女養育成長，讓他們可以獨立自主。

在社會工作層面上，當我在港台工作做體育總監時，報道體育新聞時亦要盡己之責，無論是任何項目，乒乓球也好、單車也好，那管有否聽眾喜歡也要如實報道，不可偏頗某一項目。身受其職必須盡該職務，並不可得過且過便算。就算做小販賣菜也要揀選好質量蔬菜售賣，難道隨便執一堆菜出來售賣便算？

做官者無論身處任何官職，必需盡心盡責辦妥。我認為如果要盡心做好一件事，豈有辦不到之理？除非是沒用心去做，坐收俸祿敷衍了事。

目前香港的社會問題爭拗太多，甚麼一國兩制、基本法等問題，早在回歸前中英雙方已簽署確認，為何現在卻不停修改？反對派明知道在回歸之前，英國政府與中國政府已簽署聯合聲明，香港政府按照內容規則而行，為何現在才提出反對？現在不應亦無權反對！政府及官員既已簽署聲明，又為何朝令夕改？那是否証明當年制定聯合聲明的人出現問題？身居官職者便應依章行事。

此外，現今政府的社會政策每天在變，房屋政策、馬路政策、公共建設、法律問題等，沒一樣能夠像殖民地政府時有一套策略去執行。例如在房屋問題上，政府並沒有恆常性策略，今日推出「辣招」，明天卻說要覓地。香港仍有多少土地政府早已知道，所以應該早有分配策略。反而現在才說覓地，香港還有什麼地可覓？政府根本沒有一套長遠計劃，或者是政策傾斜在某一階級上。

22.6 下一代，置業

香港新一代生活一定艱苦，因為香港經濟目前只依靠金融業，工業逐漸減少，人口多但一般教育水平不高下，不應放棄基層工種，以往一間廠也養活數百或千多人。現在香港工業近乎絕跡，只剩下寫字樓，每所公司平均亦只有 20-30 人，有些更是一個小地方安置幾部電腦，4-5 人便成為一間公司。香港人的謀生空間越來越少，市場競爭卻愈來愈激烈，使下一代生活更加困難。

香港目前的狀況是科技愈來愈高令工作崗位數量愈來愈少，人口卻愈來愈多，出現嚴重失衡。幽默一點來說，將來可能連掃街也不用人

手。每個發達國家必須與工業平衡發展,科技發達固然是好,但使用的人自然是少,基本手工業流落在落後地區,刺激對方經濟,反觀香港卻愈見蕭條。

我生活在香港七十多年,最好環境的時候就是工業生產最蓬勃興起的時候。當時香港工廠很多,雖則大家的生活質素不高,不是每餐有魚有肉,有牛排及燒鵝瀨,但市民生活開心。當年很少人有高知識、高學歷,其他沒學歷的人便靠工業生存。以前生活不論學歷高低,收入多少也可成家立室,養妻活兒。當時生活雖則艱苦,但總算能夠過活。反觀目前大學畢業生莫說是買樓,連找一份工作也困難。

說到買樓,現在的香港人經常擔心買不到樓。我認為年輕一代不應將買樓視為人生首要目標,目標應該放在有居住環境,買樓應該以較佳能力者才做,上一代人士也不是每個人都有資格買樓。現在幾乎所有出來社會做事的人都以買樓為人生目標,人生於世,目光應該放遠一點,達到合適目標自然享受到追求的生活。

歸根究底問題全在於特區政府,如果基層有公屋居住,樓價升值便由他去升吧!房子就留給有能力者購買,住得起便可。從前買樓是想住得舒適一點、寬敞一點。租住的房子可能面積較少,但仍然有能力居住,並不像現在以昂貴價錢購買比從前更小的房子。政府絕對有責任照顧基層市民,給予市民居住環境。公屋不足,租金昂貴,引致年青人投身社會便以買樓作目標。汽車也是有能力者才購買,沒能力的便乘坐交通工具,並非每個人都一定需要汽車。有足夠公屋,樓價自然下跌,政府在用地方面出現問題,應該先以較多的基層人口比例去興建公屋,剩餘的比例才售予發展商。可惜在短期內也看不見政府有改善的可能,下一代人士怨天尤人也改變不了事實,唯有「鋸低檯腳就檯圍」。

第二十三章

我對香港足球

　　我從大氣電波展開評述生涯，及後到電視台、收費電視至網絡媒體工作，見證香港足球這數十年間的發展，設施和硬件方面雖然隨着年代進步，香港足運發展反而不斷退步。大球場以往容量是 28,000 人，改建後雖然增至 4 萬坐席，本地波入場人數不增反減，香港足球淪落至此並非一朝一夕。

　　問題在於政府政策上根本出現問題，猶如開一間公司必須先打好基礎，選定方向後跟從設定路線發展。可惜目前香港體育發展是藥石亂投，屬會組織架構完全可以用一個「廢」字形容。香港足球完全沒有一條發展軌跡，坊間很多團體自行發展青訓，足球學校數量也多，但全部都沒有最終目標。當香港隊及聯賽出現問題時，持份者又說是青訓系統不足，所有人都是各有各做，沒有接軌，沒有最終目標。我們的目標是甚麼？所有項目和計劃根本毫不相連，最終在各家自掃門前雪之下，球員到某個階段便會自然消失。而較高層面的聯賽在缺乏承接力下逐漸退步，然後當權者便會想出一些功利建議去填補空間，往後問題往後才作打算。

　　無論在哪個地區發展足球都必須發展青訓，沒有良好青訓系統便生產不到好球員，沒有好球員便沒有好的聯賽，更不可能出現高水平的聯賽，這樣便沒有合適的代表隊球員參加國際賽事，國際賽事沒有成績，社會自然沒有迴響，年輕一群自然沒有興趣以足球為業，那是環環相扣的梯級發展。可惜目前香港整個足球社會發展只是表面繁榮，坊間足球學校數量多不勝數，可惜除了小部分球會可以透過旗下的足球學校，打正旗號為年青人提供晉升上職業聯賽的台階，其餘的足球學校沒有明確目標之餘，訓練質素也難與以往的香港體育學院相比。這樣就算找到好球員參與頂級聯賽，情況只會像德國的拜仁慕尼黑般，球隊成績在國內愈來愈獨大，國際賽成績反而愈來愈不堪。情況就如德國隊 2018 年世

界盃般遭遇滑鐵盧，近年的意大利國家隊也如是。加上足總青訓梯隊每年可組隊出外比賽，但這些機會由 U14、U15、U16、U18 比賽完後便逐漸消失。沒有良好梯級系統下，聯賽哪有承接力？香港足球根本沒有一套良好計劃去持續發展和接軌。

香港賽馬會每年將大量資源投放於足球青訓項目，理論上在擁有龐大資源下，香港應能培育很多代表隊球員。香港目前有數百名投身青訓的教練，可是為何聯賽仍然欠缺具質素的球員？代表隊仍然依賴入籍球員支撐，上述資源到底投放在哪裏？說到底，香港足球根本欠缺一套良好制度發展，縱有多少教練和具有天份的球員也是枉然。

政府亦對足運發展欠缺監管，資源錯配下，基層根本難以受惠。好像討論多時的《啟德體育園》計劃提及會建造一個能夠坐數萬人的球場，但又有沒有想過建設這麼大的球場用來幹什麼？是否只為足球而設？香港大球場近年能夠有一萬人入場的賽事根本極少，旺角大球場有多少場賽事出現「爆棚」？如果政府能夠給予適當的資助和關注，將香港仔運動場、深水埗運動場、元朗大球場、葵涌運動場等地區球場重新修葺，效果反而更好。

再者香港足球目前連評述員也容不下，現今足球市場只有足球節目主持及賽事分析員，真正的足球評述員少之又少。我看過一場足球賽事，評述員並非跟據球賽發展描述，卻是主力談論兩隊的花架新聞。這現象的出現除了是市場環境改變，傳媒機構負責人亦有責任。你們給予觀眾什麼東西，他們便會接收什麼東西。在世界各地的足球評述中，只會存在風格各異，內容仍然圍繞球賽發展，只有香港媒體才會出現這種畸形現象。我明白娛樂和體育之間並沒有誰是誰非，但亦不應偏離航道，離開根源。

香港足球賽事由以往經常有 28,000 人進場，到現在一場賽事只有 4,000-5,000 人進場也高呼「爆棚」，香港足球到底是進步還是退步？這條問題也看官們自行定論。對於香港足球，我只能贈予八字真言：「金玉其外，敗絮其中」！

| 1998 年香港經濟日報
| 1999 年 03 月 12 日蘋果日報

血歷史186　PC0861

新銳文創
INDEPENDENT & UNIQUE

一鑑江湖
——何鑑江自傳

作　　者	何鑑江
文字編輯	江少（羅偉光）
封面設計及製作	Watermelon、王嵩賀
封面攝影	Ken Tsang
封面題字	潘源良
相片美術	陳建鋒
插　　圖	Hin Cheng
編　　輯	剛田武、傑拉德、巴迪斯圖達、華希恩、鄭伊庭、喬齊安
圖文排版	莊皓云
製作公司	駿佳有限公司
出品公司	傑拉德有限公司

出版策劃	新銳文創
發 行 人	宋政坤
法律顧問	毛國樑　律師
製作發行	秀威資訊科技股份有限公司
	114 台北市內湖區瑞光路76巷65號1樓
	電話：+886-2-2796-3638　傳真：+886-2-2796-1377
	服務信箱：service@showwe.com.tw
	http://www.showwe.com.tw
郵政劃撥	19563868　戶名：秀威資訊科技股份有限公司
展售門市	國家書店【松江門市】
	104 台北市中山區松江路209號1樓
	電話：+886-2-2518-0207　傳真：+886-2-2518-0778
網路訂購	秀威網路書店：https://store.showwe.tw
	國家網路書店：https://www.govbooks.com.tw

出版日期	2020年7月　BOD一版
定　　價	新台幣700元（港幣178元）

國家圖書館出版品預行編目

一鑑江湖：何鑑江自傳 / 何鑑江著. -- 一版. -
- 臺北市：新鋭文創, 2020.07
　　面；　公分. -- (血歷史；186)
　　BOD版
　　ISBN 978-986-5540-07-4(平裝)

　1. 何鑑江　2. 自傳

782.887　　　　　　　　　　109008117

讀 者 回 函 卡

感謝您購買本書，為提升服務品質，請填妥以下資料，將讀者回函卡直接寄回或傳真本公司，收到您的寶貴意見後，我們會收藏記錄及檢討，謝謝！如您需要了解本公司最新出版書目、購書優惠或企劃活動，歡迎您上網查詢或下載相關資料：http:// www.showwe.com.tw

您購買的書名：_____

出生日期：_____年_____月_____日

學歷：□高中 (含) 以下　　□大專　　□研究所 (含) 以上

職業：□製造業　□金融業　□資訊業　□軍警　□傳播業　□自由業
　　　□服務業　□公務員　□教職　　□學生　□家管　　□其它_____

購書地點：□網路書店　□實體書店　□書展　□郵購　□贈閱　□其他

您從何得知本書的消息？

　　□網路書店　□實體書店　□網路搜尋　□電子報　□書訊　□雜誌

　　□傳播媒體　□親友推薦　□網站推薦　□部落格　□其他_____

您對本書的評價：(請填代號　1.非常滿意　2.滿意　3.尚可　4.再改進)

　　封面設計____　版面編排____　內容____　文／譯筆____　價格____

讀完書後您覺得：

　　□很有收穫　□有收穫　□收穫不多　□沒收穫

對我們的建議：_____

_____

_____

_____

11466
台北市內湖區瑞光路 76 巷 65 號 1 樓

秀威資訊科技股份有限公司 收

BOD 數位出版事業部

....

（請沿線對折寄回，謝謝！）

姓　　名：＿＿＿＿＿＿＿＿＿　年齡：＿＿＿＿＿　性別：□女　□男

郵遞區號：□□□□□

地　　址：＿＿＿＿＿＿＿＿＿＿＿＿＿＿＿＿＿＿＿＿＿＿＿＿＿

聯絡電話：(日) ＿＿＿＿＿＿＿＿＿＿＿　(夜) ＿＿＿＿＿＿＿＿＿＿＿

E-mail：＿＿＿＿＿＿＿＿＿＿＿＿＿＿＿＿＿＿＿＿＿＿＿